i y i   k i   k i t

GENÇ
TİMAŞ

TİMAŞ YAYINLARI
İSTANBUL 2025

GENÇ TİMAŞ

Gençlik Kitaplığı
Gümüş Romanlar | 69

Yayın Yönetmeni | Merve Okçu
Editör | Mustafa Kent
Çeviri | Esma Fethiye Güçlü
Kapak Tasarım | Nick Stearn
İllüstrasyon | Carolina Rabei
Kapak Uygulama | Erdi Demir
İç Tasarım | Nur Kayaalp

1. Baskı | Nisan 2023
6. Baskı | Nisan 2025
Raf | 11+ Roman Öykü
Yayın No | 5777

Uluslararası Seri No
ISBN: 978-605-08-4716-1

TİMAŞ YAYINLARI
Adres | Bahçelievler Mah. Zübeyde Hanım Cad. No: 8
Üsküdar / İstanbul
Tel | (0212) 511 24 24 | **Sertifika No** | 45587
E–posta | bilgi@genctimas.com

genctimas.com genc_timas
genctimas

Baskı ve Cilt | Çınar Matbaacılık
Adres | Yüzyıl Mah. Matbaacılar Cad. Ata Han No: 34 Kat: 5
Bağcılar / İstanbul
Tel | (0212) 628 96 00 / **Sertifika No** | 45103

Filippo, Ben ve Kiraz Ağacı

Çeviri: Esma Fethiye Güçlü

PAOLA PERETTI

genctimas.com

Paola Peretti

Paola Peretti İtalya'nın Verona kentinde yaşıyor. Edebiyat ve Felsefe eğitimi gören Peretti, 2011 yılında yayıncılık, gazetecilik ve yaratıcı yazarlık üzerine çalıştı. Gözlerinde görme kaybına sebep olan, sonra da tamamen körlükle sonuçlanan Stargardt genetik hastalığı olduğunu öğrendi. Mülteci çocuklara İtalyanca da öğreten Peretti'nin ilk romanı *Kiraz Ağacı ile Aramızdaki Mesafe* yirmiden fazla ülkede yayımlandı ve Türkiye'de beş yüz binden fazla okura ulaştı.

Esma Fethiye Güçlü

İstanbul doğumlu Esma Fethiye Güçlü İngilizce Tarih bölümü, İtalyan Dili ve Edebiyatı, Fransız Dili ve Edebiyatı, Amerikan Kültürü ve Edebiyatı bölümlerinden mezun oldu. Yüz binlerce okura ulaşan *Kiraz Ağacı ile Aramızdaki Mesafe*'yi İtalyancadan çevirdi.

Genç Timaş'ta Yayımlanmış Diğer Çevirileri

- *Liste, Son Kelime* - Patricia Forde
- *En Yakın Uzak* - Hayley Long
- *Kafası Karışıklar Kulübü* - Juno Dawson
- *Çöpçüler, Anı Hırsızları, Öteorman* - Darren Simpson
- *Güneşten Sonra* - Gabriele Clima
- *Ben Cosmo, Kedi Olarak Hayatım* - Carlie Sorosiak
- *Alma ve Yedi Canavar* - Iria G. Parente ve Selene M. Pascual
- *Yankı Dağı* - Lauren Wolk
- *Yaprakların Haritası* - Yarrow Townsend
- *Kardeşimin Koruyucusu* - Julie Lee

Hayaller

Sevgili Estella,

Buradan ayrılıp babaannem Alba ve Cosimo'yla birlikte yaşamak için okulun dışındaki sevgili kiraz ağacıma gidişinin üzerinden neredeyse üç yıl geçti.

Eskiden kendime anlattığım –ve şimdi bilgisayarın karşısında sesli komutla sana yazdığım– bütün hikâyelerin kendimi iyi hissetmek için uydurduğum hikâyeler olduğunu biliyorum artık.

Karanlığa biraz daha alıştım. Yine de bazen korktuğum oluyor ama karanlık seni, nasıl tanıştığımızı, beni rahatlatmak için söylediğin şeyleri, bir şeyleri daha iyi görebilmem için bana nasıl yardım ettiğini hatırlatıyor.

Artık senin ve babaannemin gerçek olmadığınızı biliyorum. Babamın en sevdiği kitap, "Ağaca Tüneyen Baron"un başkahramanı Cosimo da hiçbir zaman gerçekten var olmadı. En azından benim bildiğim kadarıyla.

Bugün, sana bahsettiğim o zor günlerden birini yaşıyorum. Nedenini bilmiyorum ama yine kızlarla dolu olan o rüyayı görecekmişim gibi geliyor. Yardımına ihtiyacım var, Estella.

Tanıştığımız günü hatırlıyor musun? Göz doktorum Olga, bana görüşümü kısa bir süre sonra tamamen kaybedeceğimi söylemişti (Aman, ne harika bir haber!), ben de kiraz ağacına tırmanmıştım, hatta gözlüğümü kırmıştım.

Sen o sırada okulu temizliyordun. Beni bulmuştun. O günden kısa bir süre önce kedim, Ottimo Turcaret'i –o zamanlar yavruydu– babaannemin bahçesindeki ağaçta bulmuştum. Bu defa, sen çok uzak bir yerlerden gelmiş biri olarak beni ağaçta bulup aşağı indirmiştin. En iyi arkadaşını bulmak için Romanya'dan gelmiştin! Neredeyse hiç görmeyen, her şeyden, kiraz ağacından aşağı inmekten bile korkan bir kızla tanışmak için. Şu işe bak!

Artık tamamen karanlıktayım. Eski günlere dönüp birlikte geçirdiğimiz zamanları, sen bana Amazonlar ve vampirler hakkında hikâyeler anlatırken gizlice cips yediğimiz günleri hatırlamayı seviyorum. Bu anılar bana yardımcı oluyor. Bir yandan da o günleri hatırlamak beni üzüyor. Aynı anda hem üzülmem hem de mutlu olmam mümkün mü? Şimdi burada olsan tabii ki mümkün derdin. Hiçbir şeyin sadece siyah ya da beyaz olmadığını söylerdin. Aslında çoğu şeyin gri olduğunu ve grinin bir sürü tonu olduğunu söylerdin.

Yine de gerçekten merak ettiğim bir şey var: Grinin içinde renkler var mı? Mor, sarı, yeşil gibi gerçek renkler var mı? Renkleri çok özledim. Hem de çok.

Ama bu defa bana yardım edemezsin. Büyürken öğrendiğim en önemli şey, bazen bazı sorunların üstesinden kendi başımıza gelmemiz gerektiği. Bu çok korkutucu. Bu yüzden bana biraz olsun yardım edebilecek bir arkadaşıma tutunuyorum.

Belki bir gün sana ondan bahsedebilirim. Neyse, sevgili Estella, beni dinlediğin için teşekkür ederim.

Evet, biliyorum, biliyorum. Artık büyüdüğüm için bazı şeyleri kendim halletmeyi öğrenmem gerekiyor ya da bana yardım edecek doğru arkadaşlar bulmalıyım. Ama nasıl? Bunu anlayabileceğim bir işaret var mı? Nasıl işaretler bunlar?

Tamam, söz veriyorum, bu işaretleri arayacağım. Biraz daha kalabilir misin yanımda? Sadece uykuya dalana kadar.

İyi geceler, "Amazonların Kraliçesi". Yıldızlardan beni izle, sevgili Estella.

Mafalda.

Gözlük takmadan yapmayı öğrendiğim ve yaparken çok eğlendiğim şeyler	**Gelecekteki hayallerim**
Gitar çalmak	Filippo'yla sonsuza dek arkadaş olmak
Sesli kitap dinlemek	Uçakla çok uzak yerlere gitmek
Okula –neredeyse– tek başıma gitmek	Bir gitarist ya da yazar olmak
Rüzgâr gibi koştuğumu hayal etmek	Şimdilik üç hayalim var, büyüdükçe daha fazlasını ekleyeceğimden eminim
Krep yapmak	
Ders çalışmak –ne kadar karanlık, o kadar güçlü hafıza–	
Söylediklerimi yazıya çevirebilen ve yazdıklarımı bana okuyabilen bir bilgisayarı kullanarak kitap yazmak	

1

Bizimle Dans Et, Mafalda

"Bizimle dans et, Mafalda!.."

Yemyeşil, gür bir çimenlikteyim.

Güneş her şeyin rengini açığa çıkarıyor. Gökyüzü, uzaktaki tepeler, çimenliğin ortasında çiçek açan kiraz ağacı pırıl pırıl parlıyor.

Tökezleyip düşme korkusu olmadan çimenlerde yürümek ne güzel! Bir tüy kadar hafifim, kendime güveniyorum. Uçuyormuş gibi hissediyorum. Karıncaları, kelebekleri ve sonsuz görünen masmavi gökyüzünde köpüren bir krema gibi döne döne büyük bulutlara karışan küçük bulutları görebiliyorum.

Rüyalarımda her şeyi görebilirim! Gölgeme bakıyorum: Bir kartalım! Rüzgârın üzerinde yükseliyorum. O kadar mutluyum ki! Mutluluktan kahkahalar atıyorum.

"Mafalda! Hadi yanımıza gel!"

Kim çağırıyor beni? Gökkuşağının renklerinde büyük, kabarık elbiseler giymiş bir grup insan, kiraz ağacının etrafında toplanmış davul ve flüt çalıyor. Müzikle birlikte zıplayarak beni yanlarına çağırıyorlar.

Kartal olmayı bırakıp asıl hâlime dönerek hızla onlara yaklaşıyorum. Tanıdığım bütün kadınlar ve küçük kızlar karşımda duruyor! Annemin başında çiçek desenli bir saç bandı var. Sınıftaki kız arkadaşlarım yalın ayak dans ediyor. Müziğin ritmine uyan Estella ve babaannem herkesten daha yükseğe zıplıyor.

Kiraz ağacı da davullarla ritim tutuyor, çiçeklerini sallıyor; mutlu görünüyor.

"Geliyorum!"

Gruba katılıyorum. Herkes gülümseyip şarkı söylüyor. Sonsuza dek böyle kalabiliriz ama yukarıdan gelen bir "miyav" sesi dikkatimi dağıtıyor. Başımı kaldırıp zümrüt yeşili yapraklara bakınca Ottimo Turcaret'i görüyorum. Kedim normalde olduğundan daha küçük. Yani yavru. Yine ağaçta kalmış. Hiç çekinmeden ağaca tırmanıyorum. Ottimo'yu alıp nazikçe cebime koyuyorum. Ağaçtan bakınca aşağıdakilerin dans edip bize el salladığını görüyorum. Hayat ne güzel! Kahkaha atıp dalda hafifçe sallanıyorum.

Aşağıda, kiraz ağacının gövdesinde ahşap bir kapı açılıyor ve bir kız ağaçtan dışarı çıkıyor. Boyundan büyük bir davul çalıyor. Diğer tarafa baktığı için yüzünü göremiyorum ama arkasından bakınca çok güçlü ve güzel bir kız olduğu anlaşılıyor.

Uzun saçları kıvrılarak sırtından aşağı dökülüyor. Belinde, el ve ayak bileklerinde kırmızı kurdeleler var.

Arkadaşlarım kızın peşine takılıyor. Tek tek ağaçtan uzaklaşıyorlar.

"Mafalda, bizimle gel!"

Güçlü, güzel kızın arkasında sıraya giriyorlar. Ben de onlarla gitmek istiyorum!

"Beni bekleyin!"

Kiraz ağacından inmeye çalışıyorum. Artık bunu nasıl yapacağımı biliyorum ama beyaz bulutlar birden griye dönüp güneşin önüne geçiyor. Grup giderken sessizlik ve karanlık büyüyor. Neler oluyor? Bu da ne böyle? Neden her şey bu kadar karanlık ve çirkin görünüyor?

Ottimo Turcaret bile cebimden çıkıp ağaçtan inerek uzaklaşmaya başlıyor.

"Beni bekle!" diye bağırıyorum.

Bir an durup tereddütle arkasına baktıktan sonra karanlığın içine dalarak gözden kayboluyor.

Ağaçtan görebildiğim tek şey artık çok ama çok uzakta kalan minik, kırmızı bir nokta: uzun saçlı kız. Onun kim olduğunu, o kız gibi güçlü ve güzel olup olmayacağımı merak ediyorum.

Dal gıcırdayınca yanımda başka birinin daha oturduğunu fark ediyorum. "Baba?"

Evet, bu o. Bitki özlü şampuanının kokusunu alabiliyorum.

"Baba?"

Cevap vermiyor.

Uzanıp ona dokunmaya çalışıyorum ama daldaki ağırlığının yok olduğunu hissediyorum.

Tam o sırada uyanıyorum.

"BABA!"

"Ne oldu Mafalda? Yine kâbus mu gördün yoksa?"

Annem odama girip pencereyi açtı. Perdeleri açmadı çünkü bunu yapmasına gerek yok. Sonuçta karanlık hâlâ orada, yani gözlerimin içinde olacak.

Sakinleşmeye çalıştım. "Evet, ama şimdi iyiyim. Saat kaç?"

Annem koridorda ilerlerken cevap verdi. "Yedi buçuk. Acele etsen iyi olur!"

Yorganın altını yokladım. Yatmadan önce ses kayıt cihazının elimde olduğundan eminim. Ah, işte burada.

Klik.

Günaydın. Yine ben, Mafalda. Dün gece dans eden kızlarla ilgili başka bir rüya daha gördüm. Keşke onların lideri gibi olabilseydim. Ama bu mümkün değil çünkü benimle aynı yaşta olan kızlar gibi değilim. Aslında benim yaşımdaki kızların nasıl göründüğünü bile bilmiyorum. Tamamen karanlıkta kaldığımda yaşım daha küçüktü. Onlar da o zamanlar küçüktü. Kim bilir ne kadar büyümüşlerdir, kim bilir şimdi nasıl giyiniyorlardır... Benim gibi olmadıklarından eminim.

Gördüğüm rüyanın en kötü yanı sonuydu. Ağaçta tek başıma kaldım, babam birden yok oldu.

Çocukların çoğu karanlıktan korkar. Karanlığın dünyadaki en korkunç şey olduğunu düşünüyorlar. Ben öyle düşünmüyorum. Görme yetimi kaybedince karanlıkta canavarların olmadığını, sadece gölgelerin olduğunu öğrendim. Karanlıkta annemle babamın, en iyi arkadaşım Filippo'nun ve Ottimo Turcaret'in gölgelerini görüyorum. Bu gölgelerden biri hiç ses çıkarmadan kaybolacak olursa asıl bu korkutucu olur işte.

"Mafalda, sesini kaydetmeyi bırak artık. Geç kalacaksın!"

Yataktan kalktım, dün gece okula giderken giymek için hazırladığım pantolonumu giydim ve ses kayıt cihazını cebime yerleştirdim. Onu bana yıllar önce babam vermişti. Bu cihaza bayılıyorum. Biraz günlük tutmaya benziyor aslında. Bana biraz daha kolaylık sağlıyor sadece. Dokunabileceğim şeyleri seviyorum. Bu cihazın düğmelerine parmaklarımla dokunabiliyorum. Bir tuşa basıp "klik" sesini duyunca artık konuşmaya başlayabileceğimi anlıyorum. Bunun biraz eski moda bir yöntem olduğunu biliyorum ama kaydettiğim dosyaların hepsi telefonuma sığmaz. Ayrıca bu, babamın hediyesi. Bu yüzden ses kayıt cihazımı çok ama çok seviyorum.

Artık tişörtümü ve kazağımı giymeliyim. Ama bir dakika... Önce şu pencereyi kapatsam iyi olur. Ocak ayındayız ve donuyorum. Eskiden ocak ayını, yıldızların pırıl pırıl parladığı kış mevsimini severdim.

Ah, işte en sevdiğim kırmızı kazağım. Renginin kırmızı olduğunu biliyorum çünkü gözlerimdeki sisin arkasından görebildiğim tek renk kırmızı.

Yatağın altından spor ayakkabılarımın tekini alıp koridorun duvarlarına tutunarak mutfağa ilerliyorum. Ayakkabımın diğer tekiyle Ottimo Turcaret oynuyor.

Bu yeni eve görüşümü kaybetmeye başladığımda taşındık. Annemle babam okulun yakınında oturmanın daha kolay olacağını düşündü. Bu evdeki mutfak ve oturma odası birleşik. Böyle mutfaklara "açık mutfak" deniyormuş. Böyle olması hoşuma gidiyor. Mutfak masasında oturduğumda güneş balkondan içeri girip yüzümü ısıtıyor. Ayrıca mutfaktan caddenin karşısındaki okulumun sesini de duyabiliyorum. Çocuklar bahçe kapısının önünde toplanmaya başlamışlar. Fırtına ve rüzgârı andıran uğultular çıkarıyorlar. Bu heyecan dolu gürültünün nedenini biliyorum. Bugün yarıyıl karnelerimiz veriliyor! Ortaokul çok zor. Yine kiraz ağacına saklanmak zorunda kalabilirim.

Ah, keşke bunu yapabilsem! Artık okulun büyük öğrencilere ayrılan tarafındayım. Yani, kiraz ağacının birkaç metre ötede olduğunu biliyorum ama ağacın gövdesi ilkokul öğrencilerinin bahçesinde. Öyle kıskanıyorum ki onları!

Kıskançlık... Ne tuhaf bir duygu. Kıskançlık benzin gibi kokuyor. Bu benim için pek sorun değil ama benzin kokmayı kim ister ki? Elimde sıcak süt dolu bardakla balkona çıktım.

"Üşüteceksin!" diye bağırdı annem.

Çok sinir bozucu. Onu duymazlıktan gelerek balkonun kapılarını kapadım. A, okulun dışında bekleyen çocuklar bugün patlamış mısır gibi kokuyor! Birileri, evdekileri dün gece sinemaya gitmeye ikna etmiş olmalı. Sonuçta dün pazar günüydü.

Beni de sinemaya davet etmelerinin bir anlamı olmazdı çünkü ben artık film seyredemiyorum. Bir keresinde bir filmi ekranı görmeden sadece dinleyerek takip etmeye çalıştım ama çok zor oldu ve moralim bozuldu. Balkondayken annemle babamın yatak odasındaki konuşmalarını duyuyorum. Babam bugünlerde zamanının neredeyse tamamını yatak odasında geçiriyor.

"İdare edebilecek miyiz?"

"Az çok idare ederiz ama artık bir iş bulman gerekiyor Giovanni."

"Bulabileceğim bir iş yok ki."

"Yarın bir iş görüşmen yok muydu?"

Annemin sesinden sabırlı ve umutlu olmaya çalıştığı anlaşılıyor.

"İptal oldu. İş bulma kurumu gelecek hafta öz geçmişimi düzenlemem için beni arar herhâlde."

Babamın sesinden de sabırlı olduğu anlaşılıyor ama umutlu olduğuna dair bir işaret alamıyorum. Umut dolu kelimelerin, daha doğrusu güzel şeyler ifade eden kelimelerin mavi renkli olduğunu hayal ederim hep. Oysa babamın kelimeleri renksiz.

"Altı aydır aynı şeyi söylüyorsun."

"Ne yapabilirim? Durum bu artık. İşler sihirli değnekle değişecek değil ya."

"Biliyorum ama bence biraz daha..."

Dinlemeyi bıraktım. Babam geçen yıl işini kaybetti. Kirayı ve faturaları ödememiz gerekirken sinemaya para harcamayı düşündüğüm için kendimi suçlu hissettim. Faturalar ve kira, faturalar ve kira... Annem artık sadece bunlardan bahsediyor. Bir de market alışverişi için gerekli paradan.

***

Çınnnn!

Tutunduğum balkon demirleri titreyip çınlıyor. Ottimo, mutfaktan koşarak hızla balkona girerken durmayı unuttu herhâlde. Bardaktaki sütü üzerine dökecektim neredeyse. Ayağımın dibinde gerinip sağa sola yuvarlanıyor ve ayakkabılarımı bir o yana, bir bu yana savuruyor.

"Ottimo, harika bir girişti. İyi misin?"

Ayakkabılarımı giydim ve bağcıklarımı bağlamadan içeri girdim. Annem masayı toplayıp kahvaltıdan kalanları temizlerken bana çarptı. Önünden çekildim (Artık evin planını biliyorum.), bardağımı eviyeye koyup yıkamak için musluğu açtım. Annem bardakları kirli bırakmamızdan nefret eder. Ayrıca kirli bırakınca bardakların dibi pis kokuyor. Anneme, babamın yanına uğrayıp ona hoşça kal diyeceğimi söyledim.

"Aferin. Şey... Mafalda..."

"Efendim?"

"İstersen saçını örebilirim."

"Hayır, teşekkürler."

"Bir dakika bile sürmez."

"Hayır, teşekkürler."

Annemin içini çektiğini duydum. Bir yandan gülümsediğini de hissedebiliyorum. Bu ikisini aynı anda yapabilen başka birini tanımıyorum.

Hızla koridora koştum. Saçlarımı toplamak istemediğimi kabul etse ne olur sanki? Çok mu fazla şey istiyorum yani?

Yatak odasına gelince yavaşladım. Bu oda, diğer odalardan daha karanlık. Kapıyı çalmadım ama parmak uçlarımda ilerleyerek içeri girdim.

"Baba?"

Yatak örtülerinin, yastığın ve döşeğin gıcırtısını duydum. Babam yatakta döndü. Örtülerin, yastığın ve döşeğin çatırdamayacağını biliyorum ama babam o kadar uzun süredir bu odada ki her şey kırılacakmış gibi geliyor. Babamın sesi bile çatırdıyor. "Ne oldu?"

Hiçbir şeye çarpmadan yatağın diğer tarafına geçtim. Bu odadaki bütün eşyaların yerini biliyorum. Tuvalet masasının, dolabın, annemin üzerinde pijamasıyla oturduğu sandalyenin yerini biliyorum. Eşyaların etrafımdaki varlığını hissedebiliyorum.

"Okula gidiyorum."

"Mmm. Derslerini dikkatli dinle."

Bugün yataktan kalkıp kalkmayacağını, işini kaybetmeden önce yaptığı gibi alışverişe gidip gitmeyeceğini, öğle yemeğini hazırlayıp hazırlamayacağını, bizimle yiyip yemeyeceğini, okula giderken beni pencereden izleyip izlemeyeceğini, hiç değilse ilk dersten sonra zil çaldığında beni düşünüp düşünmeyeceğini sormak istedim.

Bunları düşünürken uzun, nazik bir ıslık sesi duydum. Kulağa biri bir ipi iyice gerip bırakmış gibi gelen tatlı bir ses kulaklarımı gıdıkladı. Şifreli ıslık! Babam, yatağın üzerinde duran elime hafifçe iki kez vurdu. "Hadi git Mafalda..."

Başımı çevirip ona baktım. "Biliyorum baba. Merak etme. Hoplayıp zıplamayı unutmayacağım."

Klik.

"Hoplayıp zıplamak", babamla aramızda bir şifre. "Her zaman iyi vakit geçirmek için elinden geleni yap" demek. Ama aynı zamanda "çabuk dön" anlamına da geliyor. Gece yatağıma yattığımda babam yanıma gelip "Bugün hoplayıp zıpladın mı?" diye sorar. Ben de başımı sallarım. Bu, "Evet, her şey yolunda ve hâlâ buradayım" demektir. Gün boyunca birbirimize bundan başka bir şey söylemeyiz.

Vakit ilerledi. Artık gitmem gerekiyor. Yüzümü yıkamak, dişimi fırçalamak ve tuvaletimi yapmak için banyoya koştum. İşimi bitirdikten sonra önceden hazırladığım sırt çantamı alıp kapıya gittim. "Görüşürüz millet!"

"Güle güle tatlım! Kendine dikkat et," dedi annem arkamdan. Kapının kapandığını duydum. Ottimo'nun son anda dışarı kaçtığından eminim. Biliyordum! İşte burada.

"Hey pofuduk, nasılsın?" dedi bir ses.

Sesini duymadan ve ballı mısır patlağı kokusunu almadan önce bile Filippo'nun beni orada beklediğini biliyordum. Gölgesi gelip bana haber vermişti sanki. Filippo'nun kaldırımda çömeldiğini, Ottimo Turcaret'in sırtüstü yatıp karnını ona okşatmaktan keyif aldığını gözümde canlandırdım ve artık normal sayılabilecek "Mafalda hızı"yla yanlarına geldim. Apartmanımızın önündeki yolun okula giden caddeye bağlandığını biliyorum ama gözümdeki bu gri bulutların arasında ilerlemek gerçekten çok tuhaf geliyor. Ama babaannemin de dediği gibi "İnsan her şeye alışıyor.".

"Yine mi şu gözlük?" diye sordu Filippo beni görür görmez. Okula doğru yürümeye başladık. Filippo elimi tutmayı seviyor. Elimi tutarak beni yolda yönlendirmenin daha kolay olduğunu söylüyor ama ben çok utanıyorum. Gözlerimden de utanıyorum. Gözlerimin nasıl hareket ettiğini, nasıl göründüğünü bilmiyorum çünkü artık tamamen karanlıktayım. Bu yüzden gözlüğümü çıkarmamayı tercih ediyorum. Bu şekilde, gözlük takan sıradan bir kız gibi görünüyorum.

"Evet, yine bu gözlük."

"Gözlük takmana gerek yok ki. Neden onu evde bırakmıyorsun?"

"Sen neden kafanı evde bırakmıyorsun? Bu çok işimize yarayabilir."

Filippo gülüp hafifçe koluma vurdu. Bunu yaparak artık yolun karşısına geçmemiz gerektiğini işaret ediyor. Ama o sırada yanımızdan biri geçti. Filippo büyük okulun bahçesine kadar benimle birlikte yürüdü. Ayaklarımızın arasından sıyrılıp kiraz ağacının alçak dallarında gerinmeye giden Ottimo Turcaret'in ayaklarının pıtırtısını duyabiliyorum.

Artık kiraz ağacını göremiyorum ama o benim için hâlâ çok özel. Babaannemin ve Estella'nın o ağacın gövdesinde yaşadığını düşünüyorum. Benim için onların ruhları, ağacın gövdesinin içinde oynayan, geceleri çıkıp rüyalarımı ziyaret eden, pırıl pırıl parlayan gölgeler gibi.

Okulun ana kapısına gelince arkamı dönüp el salladım. Ne olacağı hiç belli olmaz.

2

Hiç Belli Olmaz

Pekâlâ, işte geldik.

Filippo'yla koridorun sonuna yürüdükten sonra sol taraftaki sınıfımın kapısında durduk. Ona güveniyorum. Geçen yıl gerçekten çok yakın arkadaş olduk. Benim tek arkadaşım olduğunu söyleyebilirim. Ben de onun tek arkadaşıyım zaten. Tek bir sorunumuz var: Filippo'nun artık benimle takılacak fazla zamanı olmayacak. O bir üst sınıfta ve haziran ayında önemli sınavları var. Bu yüzden vakit varken biraz eğlenmesi gerekiyor. Her yılın sonunda, "Üzgünüm Maf, bu sene de beni sınıfta bırakmadılar," diyor. "Gelecek sene bir daha deneyeceğim, bakalım aynı sınıfta olabilecek miyiz?"

"Sırana kadar sana eşlik edeyim mi?" diye sordu. Her zamanki gibi çok yüksek sesle konuşuyor. Koluna dokundum (Elini yumruk yapıp kalçasına koymuş. Bu Filippo'nun tipik pozudur. Eski dostum, sevgili Estella da aynı şeyi yapardı.). "Hayır, teşekkürler. Teneffüste görüşürüz."

"Tamam. Ben yanına gelirim," dedi Filippo. Sonra benim bütün cesaretimi de yanına alarak uzaklaştı. İnsanın bu kocaman okulda bir gün geçirebilmesi için çelik gibi sinirlere sahip olması gerektiğinden böyle söylüyorum. Bu okul, vahşi hayvanlarla dolu bir ormana benziyor. Estella burada olsaydı beni sınıfa itip korkularımla başa çıkmama yardım ederdi! Estella okuldaki en sevdiğim temizlik görevlisiydi. O benim en yakın arkadaşımdı. Bana cesur olmayı öğretmişti.

"Emeksiz yemek olmaz," derdi babaannem. Sınıfa adım atmak üzereyken koridorun diğer ucundan birinin bana seslendiğini duydum. "Mafalda, bekle!"

Kapıda oyalanarak özel ihtiyaçlarım için bana yardımcı olan Carola'yı bekledim. Ortaokula giden benim yaşımda birinin başına –görme yetisini kaybetmekten ve sıkıcı biri olmaktan– daha kötü bir şey gelebilir mi acaba? Ne yazık ki, evet. Bu şanssızlıklar yetmezmiş gibi bir de ihtiyaçlarımla ilgilenen bir yardımcı öğretmenimin olması gerekiyor.

"Bahçede seni arayıp durdum! Okula gelince beni beklemen gerekiyor. Böylece seni sınıfına getirebilirim."

Of, Carola beni o kadar geriyor ki ilkokuldaki yardımcı öğretmenim Fernando'yu özledim. Hiç değilse o beni görmezden geliyordu da ben de kendi işime bakıyordum.

"Bugünlük tek başıma idare edebilirim Carola."

En azından denemem gerekiyor. Sadece bana yardım etmeye çalıştığını biliyorum ama bu utanç verici.

"*Tek başıma* derken ne demek istiyorsun? Saçmalama lütfen. Not almana yardım edeceğim."

"Derslerde ses kaydı almama izin veriyorlar," diye ısrar ettim ve cebimden harika ses kayıt cihazımı çıkardım. Dersleri telefonumla kaydedemiyorum çünkü çok fazla dersimiz var.

"Tamam. O zaman sana kompozisyon yazarken yardım ederim. Sen söylersin ben de yazarım."

"Bilgisayarda yazabilirim. Noel tatilinden döner dönmez sınav yapmazlar herhâlde. Sınav yapacaklarıyla ilgili bir şey duymuş muydunuz?"

Sinirlerim bozulmaya başladı. Ortaokula başladığım günü hatırladım. Okulun ilk günü, ders zilinin çalışının üzerinden beş dakika geçmişti. Sınıftaki herkes sessizce oturuyordu. Herkesin bana baktığından emindim. İlkokuldan sadece Roly, Daniela ve Mirko adındaki çocukları tanıyordum. Ama Mirko, kaçıp kiraz ağacına saklandığım gün beslenme çantasını çaldığım için beni affetmemişti. Daniela, okulun ilk günü hiç sevmediğim iki kızla arkadaş olmuştu. Özellikle de Debbie denen şu kızı hiç sevmiyorum. Erkekler teneffüslerde hep onun hakkında konuşuyor. Onun çok güzel olduğunu söylüyorlar. Bu kız hakkında iki şey biliyorum: Beni görmezden geliyor ve jelibon kokuyor.

"Carola, içeri girin lütfen. Bugün başka birine yardım edebilirsiniz. Sen de gir Mafalda."

İlk dersimizin öğretmeni bunları söyleyerek beni kurtardı. En sevdiğim derste, yani İngilizce dersindeyiz. En sevdiğim öğretmenin dersi. İngilizce öğretmenim vanilya ve... Gazete mürekkebi gibi kokuyor. Pazar günü gazete okuduğu zamanlarda babamın parmakları da böyle kokardı.

"Öğretmenim, bugün yerlerimizi değiştiriyoruz," dedi Daniela. O sırada yerime oturuyordum. Birinin çantasına çarptım.

Her ayın başında oturduğumuz yeri değiştirerek başka birinin yanına oturuyoruz. Öğretmenlerin söylediğine göre, bu şekilde yeni arkadaş edinebilirmişiz. Bana sorarsanız bu pek işe yaramıyor. Ben her seferinde kendi arkadaşlarıyla oturmak için sızlanan bir çocuğun yanına oturuyorum.

Öğretmen genellikle şikâyetleri görmezden gelip bizi kendi istediği yere oturtuyor. Bugün, yeni sıra arkadaşım Debbie'nin yanına oturdum. Harika. Şimdi bir ay boyunca onun jelibon kokusuna katlanmak zorunda kalacağım. Yanıma gelip sıraya otururken başka kızlarla kıkırdadığını duydum. O sırada kalem kutumla ve not defterimle uğraşıyordum.

Klik. Tak.

Vızzt. Şırrşt.

Çantalar ve kalem kutuları açılıp kapandı. Kalemlerin birbirine çarpışını, kâğıtların hışırdadığını duydum. Tebeşir tahtaya sürtündü, hatta tahtanın üzerinde araba freni gibi ses çıkardı.

"Pekâlâ çocuklar. Kitap okuma yarışması başlıyor."

Ses kayıt cihazımın üçgen şekilli kaydetme düğmesine bastım: *Klik.*

"Bildiğiniz gibi yıl sonuna kadar mümkün olduğunca fazla sayıda kitap okumanızı istiyorum."

"Nasıl yani, içinde kelimeler olan kitaplar mı?" diye sordu Marco Valenti. Arkadaşlarını güldürmek için hep böyle aptalca sorular sorar.

Çocuklar güldü.

"Evet Marco, gerçek kitaplar. Birkaç ay boyunca okuyabileceğiniz kadar çok kitap okumanızı istiyorum. Her kitabın özetini çıkarıp hikâyedeki karakterleri tanıtan bir rapor yazacaksınız."

"Sonunda bir ödül var mı? Ödül olmazsa hiçbir şey yapamam!" dedi Marco. Yine gülüşmeler oldu.

"Marco Valenti, bir şey söylemek istediğinde parmağını kaldır lütfen. Sorunun cevabı 'hayır'. Ödül yok ama okuduğunuz beş kitap, yıl sonunda notunuzu on puan arttıracak."

"Yani matematikten elli alırsam ve beş kitap okursam haziranda notum altmışa mı çıkacak?"

"Evet, aynen öyle. Denemeye değer, öyle değil mi?"

Hmm. Kulağa ilginç geliyor. Puan o kadar önemli değil ama en çok kitabı kimin okuyacağını merak ediyorum.

"Sen bunu nasıl yapacaksın?" dedi Debbie kulağıma fısıldayarak.

"Neyi?"

"Okumayı."

"Sesli kitap dinliyorum."

"Öğretmenim, sesli kitap da dinleyebiliyor muyuz?"

Öğretmenin o sırada bize baktığından eminim.

"Basılı bir kitaptan okuyabilen hiç kimsenin sesli kitap dinlemesine gerek yok," dedi öğretmen.

Debbie ısrar etti. "Ama bu haksızlık! O, hepimizden daha hızlı kitap okuyacak."

"O" diye bahsettiği kişi benim tabii ki.

"Deborah, herkes kendi hızında okuyacak. Mafalda da kitaplar hakkında diğer herkes gibi rapor yazacak. Hiç kimsenin başka bir yerden kopya çekmesini istemiyorum. Baştan söylüyorum, büyüklerinizden sizin yerinize rapor yazmalarını istemeyin sakın!"

"Senin derdin ne?" diye fısıldadım dişlerimin arasından.

"Benim mi? Derdim falan yok."

Tabii, ne demezsin. Ses kayıt cihazımı sıkıca tutarak öğretmeni dinlemeye devam ettim. Artık öfkenin nasıl koktuğunu da biliyorum. Öfke, yanmış jelibon gibi kokuyor.

***

Okula döndüğümüz günün ilk teneffüsünün sinir bozucu olduğunu düşünmüşümdür hep. İnsan her şeyi akışına bırakmak yerine, okuldaki küçük aptal gruplaşmaları seyrederken hazirana ne kadar zaman kaldığını düşünüyor.

Neyse ki Filippo var.

"Mafalda, dışarıya çıkıp bir şey oynayalım mı?"

Zavallı Carola. "Bir şey oynayalım mı?" diyor çünkü gözleri görmeyen birine uygun bir aktivite düşünemiyor.

"Teşekkürler Carola ama bir arkadaşımı bekliyorum." Neyse ki Filippo'nun sınıfın kapısından bana seslendiğini duydum. "Hey, gelmiyor musun? Muz getirdim. Sende ne var?"

Carola'nın koyu gölgesinin altında, çantamın ön gözünden elimden geldiğince nazik bir şekilde atıştırmalıklarımı çıkardım. "Zeytinli sandviç yapmıştım."

"Nefis! Bölüşelim mi?"

Birlikte koridora çıkıp merdivenlerden aşağı indik. Sonra da dışarı çıktık. Filippo her ihtimale karşı benden bir adım önde gidiyor. Görevlilerin odasının önünden geçerken kalbim hızlandı. Estella eskiden bu odada çalışmıyordu ama odadan aynı kahve ve mürekkep kokusu geliyor. Hatta cam temizleyici bile Estella'nın kullandığı temizleyici gibi kokuyor.

Okulu çevreleyen parmaklıklara doğru yürüdük. Filippo sandviçimi yemeye başladı. Bana da birkaç kırıntı bırakır herhâlde. Ben de sandviçimi düşünerek onun getirdiği muzu yiyorum.

"Neden böyle bir sandviç yaptın?" diye sordu. "Annen beslenmeni hazırlamayı mı unuttu yoksa? Unuttuğunu hiç görmedim."

"Hayır unutmadı. Bugünlerde işlerimi tek başıma yapmaya çalışıyorum."

"Neden?"

Filippo harika biridir ama aynı zamanda sinir bozucu da olabiliyor. Bir şeyin yolunda olmadığını hemen fark eder ama bu şey hakkında konuşmak istemeyeceğini görmezden gelip neler olduğunu öğrenene kadar sorular sormaya da devam eder.

"Bir nedeni yok. Bugünlerde işlerimi kendim halletmeye çalışıyorum sadece," diyerek soruyu geçiştirmeye çalıştım.

"Neden özellikle bugünlerde?"

"Çünkü evde daha fazla sorun çıkarmak istemiyorum, tamam mı?"

"Kime sorun çıkarmak istemiyorsun?

"Anneme."

"Neden?" diye ısrar ederek folyoya sarılı sandviçimi bana uzattı. Folyo neredeyse boştu.

"Filippo, annenin işini zorlaştırmak senin için normal olabilir ama benim için öyle değil."

Söylediklerimden ikna olmadığı her hâlinden belli oluyor. Gölgesi biraz uzaklaştı. Bir topa vurduğunu duydum (Filippo topa vurduktan sonra futbol oynayan çocuklar hep bir ağızdan bağırdı. Herhâlde topu çok uzaklara gönderdi.). Tekrar yanıma geldi. Tam karşıma geçti. Filippo'nun gamzelerini görmeyi özledim. Yüzünü okşamayı, yanaklarındaki küçük çukurlara dokunmayı isterdim ama bütün okulun önünde böyle bir şey yapmaktan utanırım!

"*Daha fazla sorun* dedin. Neden? Başka ne sorun var ki evde?"

Demir parmaklıkları sıkıca tuttum, yüzüme bastırdım. Metalin soğukluğunu yüzümde hissetmek hoşuma gidiyor.

"Babamın çalışmadığını biliyorsun..."

"Evet biliyorum. Ne olmuş yani? Başka bir iş bulur."

Derin bir iç çektim. "Yataktan çıkarsa bulur tabii!"

Duvarın üzerine oturduk. Okulun bahçesinden gelen gürültü, tatlı bir esinti gibi saçlarıma vuruyor. Filippo'yla konuşurken etraftaki diğer her şey uzakta, karanlıkta kalıyor ve her şey daha az korkutucu geliyor.

"Ne kadar zamandır yatakta?"

"Şirket kapandığından beri."

"Ama bu altı ay önceydi!"

"Evet."

"Bir şey yapmamız gerekiyor. Ona bir iş bulmalıyız."

İçimden ağlamak gelse de güldüm. "O kadar kolay değil. Elinde sihirli bir değnekle her şeyi düzeltemiyorsun."

"Daha işin başında böyle düşünürsen..."

Filippo haklı. O kadar üzgünüm ki ciddi düşünemiyorum.

"Bak, benim bir fikrim var," dedi. "Sizinkilerden seni cumartesi günü bize getirmesini iste. Pizza yerken bir plan yaparız."

"Bir plan. Tamam. Şimdi kapatalım bu konuyu. Derslerden bahsedelim. Ödevin var mı?"

"Of Mafalda. Çok sıkıcı. İngilizce öğretmeninin bir yığın kitap okumamızı istediğini söylemiş miydim sana?"

Zil çaldı. İçeri girmek için merdivenlere doğru yürümeye başladık.

"Benim de okumam gereken bir sürü kitap var. İstersen değiş tokuş ederiz. Kitapları okumama yardım eder misin?"

"Rüyanda görürsün! Ama değiş tokuş işine varım."

Koluna bütün gücümle vurdum. Kiraz ağacının dallarının altından geçtik. Ağacın bazı dalları bizim bahçeye kadar uzanıyor. İçimden ağaçta yaşayan deve, Estella'ya ve babaanneme "Merhaba!" dedim. Ben burada bu dertlerle boğuşurken onlar satranç oynuyor olmalı. Bu haksızlık.

Sınıfa döndüm. Hepimiz yerlerimizi alırken Debbie benimle konuşmaya başladı. Çok tuhaf.

"Sana bir şey sorabilir miyim?"

"Ee..."

"Gözünde nasıl bir sorun var?"

Yüzümü bir anlığına ona doğru döndüm. Bazı insanların onlara doğrudan bakmamdan rahatsız olduğunu biliyorum. Gözlüğümü takıp gizlediğim sürece gözlerimdeki sisi kimsenin göremeyeceğinden eminim.

"Gözümde noktalar oluşmasına neden olan bir hastalığım var. Bu noktalar çok büyüdüğü için artık göremiyorum."

"Hiçbir şey göremiyor musun yani?"

"Sadece gölgeleri ve kırmızı renkli nesneleri görebiliyorum. Ama gayet iyi duyuyorum ve iyi koku alabiliyorum. Tedavi olacağım. Hem de çok yakında."

"Vay canına, gerçekten mi?"

"Evet."

Bunu neden söylediğimi bilmiyorum. Aslında gözlerimdeki hastalığı iyileştirecek bir tedavi yok. Son kontrole gittiğimde doktor böyle söylemişti.

Çok aptalca olduğunu biliyorum ama galiba Debbie'nin beni sevmesini istiyorum. Belki de onunla konuşmayı denemeliyim. Belki o da gözlük takıyordur ya da hayatında başka sorunlar vardır.

"Peki senin sorunun ne?"

Sessizlik oldu.

"Benim bir sorunum yok," dedi en sonunda Debbie. Sonra da sınıfa giren öğretmene döndü.

Tabii canım, eminim hiç sorunu yoktur. Hep böyle söylerler zaten.

***

Zırrrrr!

Çalar saat.

Bugün cumartesi değil mi? Saati kapatmayı unutmuşum. Tüh. Rüyamda dans eden kızları ve uzun saçlı kızı görüyordum.

"Günaydın pofuduk."

Ottimo karnımda yatıyor. Alarm çaldığında dönüp bana ters ters baktığından eminim. Ottimo, sabahları üzerinize atlayıp sizi uyandıran türde kedilerden değil. Hafta sonları öğlene kadar mışıl mışıl uyur.

"Hadi gidip kahvaltı yapalım," dedim üzerimdeki örtüyü kaldırarak. Ottimo hiçbir şey yapmadı. İstifini bozmadan kenara kayıp aynı şekilde yatmaya devam etti. Horladığını duyunca onu rahat bırakmaya karar verdim.

Klik.

Ben Mafalda. Şu sıralar, büyüyünce iş bulamayacağım konusunda takıntı yapmaya başladım. Ortadan kaybolacağım. Kaybolup öleceğim. Büyüyünce neleri hayal edip neleri hayal edemeyeceğimi bilmiyorum... Gözlerim görmediği için hayallerim diğer insanların hayallerinden biraz daha farklı olacak. Bu akşam Filippo'yla buluşacağım. Gelecekte neler yapabileceğimi düşündüğünü soracağım.

Ocak ayının bu sessiz cumartesi sabahı yavru kuşlar cıvıl cıvıl ötüyor, cılız güneş ışınları yarıya kadar inmiş perdelerin arasından sızıyor. Mutfağa gidince kahve makinesinin yükselip alçalan sesini duydum. Annem çoktan kalkmış. Güzel. Sabahları kahve kokusunu alınca keyfim yerine geliyor. Günün bu saatinde diğer herkes gibi oluyorum. Herkesin kendi evinde bizim gibi kahve yaptığını bilmek beni rahatlatıyor.

Anneme bugün birlikte bir şey yapıp yapamayacağımızı sormaya karar verdim. "Üzgünüm tatlım, çalışmam gerekiyor," dedi.

Sandalyeye oturdum. "Cumartesi günü de mi? Hafta sonları genelde izinli olursun."

"Yeni yıla girdiğimiz için cumartesi günleri de çalışmam gerekiyor. Ama sadece üçe kadar. Aslında sana söylemiştim. Eve dönünce bir şeyler yapabiliriz."

Bardağımdaki sıcak süte üfledim. Annem sütü her zaman gereğinden fazla kaynatıyor. Öğleden sonra üçte eve döndüğünde çok yorgun olacak. Alışverişe gitmemiz gerekeceği için başka bir yere de gidemeyiz zaten. Filippo bize gelebilir mi diye sormak istiyorum ama babamı da rahatsız etmek istemiyorum. Filippo'nun evine gitsem daha iyi olur.

Bulaşık makinesindeki tabakların sesini duyuyorum. Annemin arkası dönükken fırsatı değerlendireceğim. Kahve makinesi nerede? Annem onu genellikle masanın ortasına bırakır. Dikkatle elimi uzattım. Parmaklarımı yakmak istemem. Makineyi sapından tutup sütüme biraz kahve ekledim.

"A, olamaz."

"Ne oldu?" Beni gördü galiba. Hâlâ kahve içemeyecek kadar küçük olduğumu düşünüyor.

"Şekerimiz bitmiş. Yukarı çıkıp komşuda var mı bir sorayım."

Hızla yerimden fırladım. "Ben giderim."

Annem bir süre hiçbir şey söylemedi. Karanlıkta merdivenleri kullanmamdan korktuğunu biliyorum. Zaten bu yüzden zemin katta oturuyoruz. Bir şey söylemesine fırsat vermeden evden çıkıp merdivenlere doğru ilerledim.

Aslında çok kolay. Basamaklar her yerde aynı olduğuna göre bir ayağını diğerinin önüne getirip yeterince kaldırırsan düşmeden ilerleyebilirsin. Yine de emin olmak için adımlarımı sayıyorum. Buraya taşındığımızdan beri ilk kez yukarı çıkıyorum.

Altı, yedi, sekiz, dokuz...

Bizim dairemizle komşumuzun dairesinin arasında on dört basamak var. Bir dakika... Komşumuzun adı neydi? Galiba Bay Rossi'ydi. Annem ona her zaman selam verir. Ona adıyla sesleniyor. Balkonda görünce ona "Nino" diyor. Komşumuz balkonda çok zaman geçiriyor, üst kattan insanların geliş gidişini seyretmeyi seviyor. Ama evden pek çıkmıyor ve çok fazla ses çıkarmıyor. Yaşlı biri olmalı.

İki yıldır bu binada oturuyoruz ama onunla hiç konuşmadım. Sadece bir keresinde bana penceresinden "küçük hanım" diye seslenip kedimin bir şeye alerjisi olup olmadığını sormuştu. Ben de hiç düşünmeden "polen" diye cevap vermiştim. Sonra pencereyi kapamıştı. Ottimo Turcaret bazen merdivenlerden çıkıp yiyecek bir şeyler arar. Komşumuzun da bu yüzden kedimin yiyeceğe alerjisi olup olmadığını öğrenmeye çalıştığını tahmin etmiştim.

Şimdi işin en zor kısmına geldik. Kapı nerede? Herhâlde bizim kapıyla aynı yerdedir. Etrafta saksı ya da paspas olmasa bari. Oh, harika. İşte kapının kolu. Kolay oldu.

Zili de deneyebilirim ama kapıyı çalmak daha kolay. Kapıya vurdum. Bekledim. Biraz daha bekledim. Yıllar gibi gelen bir sürenin sonunda kapı "tıkırt" diye bir sesle açıldı. İşte Bay Rossi karşımda. Kapıyı açınca arkasından sebze çorbasıyla karışık oda spreyi kokusu geldi.

"Şey... Merhaba. Şekeriniz varsa biraz alabilir miyim acaba?"

"Merhaba. Sen aşağıda oturan küçük kız değil misin? Ara sıra beni ziyarete gelen şu kedinin sahibi."

İlk başta sesi biraz kaba geldi ama sonra sesinin derinliklerinde bir yastığın yumuşaklığını andıran nazik tonu fark ettim. Bence bütün yaşlı insanların sesinde bu nezaket var.

"Evet, o kız benim."

"Ne yazık ki hiç şekerim yok. Diyabet hastasıyım."

Hmm. Bunun ne demek olduğunu merak ediyorum.

"Ama tatlandırıcım var. İşe yararsa verebilirim."

Tatlandırıcının ne demek olduğunu bilmiyordum ama Bay Rossi alınmasın diye "evet" dedim. Adımları uzaklaştı. Yavaşça, daha doğrusu ağır ağır ilerledi. Bir kapının açıldığını, tezgâhın üzerindeki bir bardağın tıngırdadığını, yaşlı adamın bana doğru ilerleyen adımlarını duydum.

"Al bakalım."

Büyük ihtimalle bardağı bana uzatıyor. Göremediğimi biliyor mu acaba? Çoğu insan ilk başta durumu fark etmiyor çünkü gözlerimi açık tutmayı seviyorum. Gözlerimi çok fazla açık tutarsam bir süre sonra –etrafta başka insanlar olsa bile– vazgeçip kapatıyorum. Ayrıca korkusuzca, fazla yavaşlamadan normal yürümeye çalışıyorum. Bu bazen korkutucu olsa da insanların karanlıkta olduğumu hemen fark etmesinden nefret ediyorum.

Şimdi ise ne yapacağımı bilemedim. Biraz kem küm edince Bay Rossi kâseyi elime verip kapıyı yüzüme kapadı. Ben de kapıya teşekkür ettim.

Basamaklardan inerken sırtımda iki far ya da yaşlıların etrafta dolaşırken kullandığı türde iki baston varmış gibi hissediyorum. Bu bastonlar kürek kemiklerimin arasında duruyor sanki. Bir an Bay Rossi'nin kapıyı açıp aşağıya inip inmediğimi kontrol ettiğini düşündüm. Bu yüzden köşeyi dönüp bir sonraki basamaktan inmeden önce elimi salladım. Hiç belli olmaz.

3

Yetenekli Bir Şef ve Usta Bir Bisiklet Tamircisi

Öğleden sonra, bahçedeyim. Sıkılıyorum.

Sınıftaki diğer kızlar ne yapıyor acaba? Alışveriş merkezine gidip kıyafet satın alıyorlardır. Belki de kuafördedirler. Saçımdan aldığım bir tutamı parmaklarımda çeviriyorum. Gerçekten çok uzadı. Artık saçlarımın uçları düğümleniyor. Ben de bir kuaföre gitsem iyi olur aslında.

Ne aptalca düşünceler! Aklıma böyle şeyler gelince saklanabileceğim bir yer olsun istiyorum.

Çimenlerde yürümeye başladım. Binamızda oturanların çim biçme makinelerini, tırmıklarını ve diğer bahçe aletlerini depolamak için kullandıkları ortak kulübenin arkasındaki parmaklıklara ve çitlere dokunmadan ilerledim. İşte burası benim saklanma yerim. Bu ahşap kulübenin ahşap bir kapısı, ince çapraz tahtalardan yapılmış kare şeklinde iki küçük penceresi var. Bunu biliyorum çünkü buraya taşındığımızda binanın her tarafını gezmiştim. Bahçedeki bu kulübede tek başıma vakit geçirmeyi seviyorum. Aslında dışarıda olmaktan pek farkı yok ama içeride tatlı bir çimen kokusu var.

Klik.

Ben Mafalda, bahçedeki kulübeden sesleniyorum. Bir gün mutlaka yapmak istediğim bir şey var: Uçmak istiyorum. Hiçbir şey görmeden uçağa binmek, uçağın kalkıp kalkmadığını anlayamamak, hatta bundan korkmak tuhaf olabilir. Yine de rüyamda gördüğüm o yemyeşil çimenleri aklımdan çıkaramıyorum. Oranın çok ama çok uzakta bir yerlerde olduğunu hissediyorum. Bir gün oraya gidip çimenlerde koşmak istiyorum.

Kiraz ağacı, bana cevap veremeyeceğini çünkü bir ağaç olduğunu biliyorum. Yine de beni duyabilirsin belki. Ben bahçedeki kulübenin penceresindeyim. Senin de okulun yanında, benim gibi yalnız olduğunu biliyorum. Annem durmadan çamaşır yıkıyor. Babam odasında uyuyor. Belki de eskiden çalıştığı şantiyedeki –bir daha asla dönemeyeceği– ofisini düşünüyordur, kim bilir.

Sevgili ağacım, bugün kendine yapacak bir şeyler arıyorsan bana bir yaprağınla birlikte şans gönderebilirsin. İlk kez uçağa bineceğim anı düşününce kalbim pır pır ediyor, Filippo'ya âşık olduğumu düşündüğüm zamanlardaki gibi. Bu tür şeylerin karmaşık olduğunu biliyorum. Bu yüzden senden yardım istiyorum.

Banyonun kapısında durup annemle konuşmak için en uygun anı beklemeye başladım. Çamaşır makinesinin kokusunu içime çekiyorum. Makinenin kapağı biraz önce açıldı.

"Anne."

"Efendim?"

Annemin makinenin önünde eğildiği anlaşılıyor. Yıkanmış çamaşırları çıkarırken makinenin tamburundan gelen sesi duyuyorum.

"Bu akşam beni Filippo'nun evine götürür müsün?"

"Tabii. Ama dışarı çıkmanızı istemiyorum."

"Tamam, çıkmayız."

Annemin son altı aydır Filippo'yla mahalledeki pizzacıya gittiğimizden haberi yok! Bizim yaşımızdaki herkes pizzacıya giderken biz neden gitmeyelim?

Annem oflaya puflaya yanımdan geçti. Elinde kırmızı bir çamaşır sepeti var. Sepetin ağzına kadar dolu olduğundan eminim. Hepsini hafta sonu yıkayıp bitirmesi gerekiyor.

Onu balkona kadar takip ettim. Çamaşırlığın döşemede çıkardığı metalik sesi duydum. Kapıda durdum, sırtımı dışarısı çok soğuk olduğu için buharlaşan pencereye dayadım.

"Şey..."

"Ne oldu? Mandal sepetini uzatır mısın? Şurada. Eğilince hemen dokunacaksın."

"Giderken yanımda götürmek için bir kek yapabilir miyiz? Filippo'nun annesi ben onlardayken bize hep kek yapıyor."

Aslında annemle birlikte vakit geçirebilmek için böyle bir bahane uydurdum sadece.

"Dolapta bir kutu tart var. Onu götürebilirsin."

"Ama o kek değil ki. Ben evde yapılan, sünger kek ya da ona benzer bir şeyden bahsediyorum."

Annem çamaşırları asmaya devam ediyor. "Mafalda, çok işim var. Banyoyu temizlemem, çarşafları değiştirmem, ütü yapmam gerekiyor. Sonra da... Of, su faturasını yatırmayı da unuttum. Pazartesi gitmeyi unutmayayım bari. Kasko şirketine de uğrarım. Sen de çarşamba günü dişçideki randevunu unutma sakın."

"Neden? Tel taktırmak için mi?"

"Evet."

"Tel takmak istemiyorum."

"Dişçi tel takmanı isterse tel takmak zorundasın."

"Uf, ne sinir bozucu."

"Babana kahvesini götürür müsün?"

Annem içeri girip banyoya gitti.

Burnuma doğru kayan gözlüğümü düzelttim. Annem dişime tel taktırma konusunu aklından çıkarsa iyi eder çünkü böyle bir şey olmayacak. Beni buna zorlarlarsa yemin ederim kış boyunca kendimi bahçedeki kulübeye kilitlerim.

Tezgâhın üzerindeki kırmızı tepsiyi alıp kahveyle dolu bardağı tepsiye koydum. Bardağı devrilmekten son anda kurtardım.

Cumartesi sabahı babama yemek götürüyor olmam, onunla normalde konuştuğumuzdan daha fazla konuştuğumuz anlamına gelmiyor. Aslında babamla vakit geçirmek yerine Filippo'nun bisikletinin arkasına binip onunla dondurma almaya gittiğim için, odama çekildiğim için ya da bahçedeki kulübede vakit geçirdiğim için kendimi kötü hissediyorum.

Diğer bütün odalardan daha karanlık olan yatak odasına girdim. Bugün havadaki anıların ağır kokusunu alıyorum. Anıların tam olarak nasıl koktuklarını söyleyemem. İyi anıların kokusu bebek pudrasını andırıyor galiba. Belki babaannem hep pudra kullandığı için böyle düşünüyorumdur. Kötü anıların kokusu gereğinden fazla olgunlaşmış meyvelere benziyor. Ama bütün anılar, birkaç dakika sonra burnunuzu ya da gözünüzü yakmaya başlar. Bu yüzden onları uzun süre koklamamak en iyisi.

"Ne yapıyorsun baba?"

Plastik bir nesnenin sesini duydum. Babam, bir kutuya ait olduğu anlaşılan plastik kapağı bir yere koydu. Onu komodinin üzerine bırakmış olabilir. Babam iç çekince nefesi havada –üzerinde yüründüğünde çatlayan– bir buz gibi ses çıkardı.

"Hiç. Sadece eski fotoğraflara bakıyordum."

Yanına gittim. Tepsiyi elimden aldı. Yatağın üzerinde, annemin yattığı tarafta oturuyor. Yanına oturdum.

"Kimin fotoğraflarına?"

"Yıllar önce işten arkadaşlarımla çektirdiğim fotoğraflara bakıyordum. Elimdeki fotoğrafı dağa çıktığımızda çektirmiştik. Sen de hatırlıyor musun? Dolomitlere gitmiştik. Arkadaşım Livio'nun çocukları da vardı. Hatırladın mı?"

Elinde tuttuğu fotoğrafı göremesem de hangi fotoğraftan bahsettiğini biliyorum. O gün iş arkadaşlarıyla çok eğlenceli vakit geçirmiştik. Özellikle de Livio bizi çok güldürmüştü. Kızı Emma da –adı Emma'ydı galiba– gerçekten çok hoş biriydi.

Ama bu yıllar önceydi.

Babamın iş arkadaşları, babam işten çıkarılınca onu görmeye gelmişti. Babam ara sıra telefonda Livio'yla konuşmaya devam ediyor. Şirket kapandıktan sonra ikisi işsiz kaldı. Diğer arkadaşları başka işler bulmuş. En azından babam böyle olduğunu söylüyor. En gençleri babam olduğu için işten önce onu çıkarmışlar.

"Orada ne kadar süre çalıştın baba?"

Babamın işinden bahsetmeyi sevdiğini biliyorum.

"Sen doğmadan önce çalışmaya başlamıştım. İlk gerçek işimdi. Kendimle gurur duyuyordum. Sözleşmeyi imzalayıp eve dönünce babaannen ve deden ile kutlama yapmıştık. Sonra annenle ev aramaya başladık."

"Sonra da evlendiniz."

"Evet. Bütün iş arkadaşlarım düğünümüze gelmişti. Buralarda bir yerde bir grup fotoğrafı olacaktı."

Örtülerin altında bir şeyler aradığını duydum. Yatağın üstü fotoğraflarla dolu olmalı.

"Baba..."

"Efendim? Nereye kayboldu şu düğün fotoğrafı?"

"Başka bir işe girmeyi düşünüyor musun?"

Babam cevap vermedi. Fotoğrafı aramaya devam etti. Sonra birden durdu. "Ah, işte burada! Baksana, ne güzel değil mi?

Hepimiz ne kadar da genciz. Teo'ya bak. O zamanlar saçları dökülmemişti."

Güldü ama kahkahası kulağa güzel gelmiyor. Babamın normalde güzel bir gülüşü vardır. Çok gülmez ama kahkahası bulaşıcıdır. O gülünce herkes gülmeye başlar. Kahkahası bir gök gürültüsü ya da fırtınalı bir günde gülen gökyüzü gibidir.

Az önce duyduğum kahkaha ise daha çok çatıdaki oluklardan dökülüp ensenizden içeri sızan yağmur damlalarına benziyor.

"Baba..."

"Mm?"

"Birlikte kek yapalım mı?"

"Kek mi? Ben kek yapmayı bilmiyorum ki."

"Deneyebiliriz. Eskiden yemek pişirmeyi severdin."

Sessizlik oldu. Söylediklerimi düşünüyor gibi. Üzerinde oturduğumuz yatağın kıpırdadığını hissettim. Yerinden mi kalkıyor yoksa?

"Hadi baba."

"Hiç keyfim yok Mafalda. Çıkarken perdeleri kapatır mısın? Teşekkürler."

***

Normalde gittiğimiz pizzacı, Filippo'nun evinden çok uzakta değil. Oraya yürüyerek otuz dört adımda gidiliyor. Saat akşam yedi olduğu için hava kararmaya başladı. Görmeyi en çok özlediğim şeylerden biri de hava soğuk olduğunda insanların ağzından çıkan buhar.

Hızlı yürüyoruz. Pizzacı güzel ve sıcak olacak.

"Annemle konuştum. Herkese haber verelim," dedi.

Eldivenli ellerimi birbirine sürttüm. *Brrr*.

"Nasıl yani? Babama iş aramaktan mı bahsediyorsun?"

"Evet. İnsanlara söylememiz, internette iş aramamız gerekiyor."

"Belki bir ilan da veririz, ne dersin?"

"İyi fikir. Bastığın yere dikkat et."

Önümde bir basamak olduğunu bilmeme rağmen beni hâlâ uyarıyor. Filippo, pizzacının kapısını açınca seslerle ve kokularla dolu kalabalığın içine daldım.

"Bizim sınıftan kimse var mı?" diye sordum.

"Hmm, evet. Roly. Birkaç arkadaşın var. Bir de şu güzel kız."

Debbie. Ona selam vermek istemiyorum. Filippo'nun da ona güzel demesi hiç hoşuma gitmedi.

"Onlar benim arkadaşım değil."

"Böyle söyleme. Sen otur, ben gidip sipariş vereyim."

Filippo'yu beklerken birlikte oturacağımız masayı silmek için bir peçete aradım. Bu yüksek masaya oturmayı seviyoruz ama burası hep yapış yapış oluyor.

"Mafalda?"

Daniela. Diğerleriyle beraber olmalı.

"Merhaba."

"Merhaba."

"Üst sınıftan Filippo'yla mı geldin?"

"Evet, neden?"

Başını hafifçe çevirip arkasına bakarak kıkırdadığını duydum. Pizzacı kalabalık ama sınıfımdaki diğer kızların kıkırdadığını da duyabiliyorum. Karşı köşede oturuyor olmalılar.

"Bir arkadaşım Filippo'nun senin erkek arkadaşın olup olmadığını merak ediyor."

"Kim? Filippo mu?"

"Evet."

"Hayır, biz sadece arkadaşız. Birbirimizin en iyi arkadaşıyız," diye ekledim.

"A tamam, teşekkürler," diyerek uzaklaştı Daniela.

Filippo pizza ve iki bardak kolayla geri döndü. Elindekileri dar masanın üzerine koyduktan sonra yanımdaki tabureye oturdu. Pizzacıdaki diğer masalar arkamızda kaldı. Kasadaki kız, sıraya girip siparişlerinin paketlenmesini bekleyen müşterileri sipariş numaralarıyla çağırıyor.

"Filippo, birileri sana abayı yakmış."

"Ne?" dedi ağzı pizzayla doluyken.

"Sınıfımdaki kızlardan biri sevgilin olup olmadığını sordu."

Daniela'nın sorduğu soruyu olduğu gibi söyleyemem çünkü Filippo gülüp dalga geçer.

"Sen ne dedin peki?"

"Sevgilin olmadığını söyledim."

"Kim sordu?"

"Daniela sordu ama başka bir arkadaşı için sordu."

"Hangisi için?" diye sordu. Sesi arkadan geldiği için dönüp onlara baktığını tahmin ediyorum.

"Nereden bileyim? Önüne dön!"

Birileri hakkında konuşurken dönüp onlara bakılmaması gerektiğini herkes bilir. Al işte, yine benzin kokusu alıyorum. Nereden geliyor bu koku acaba? Belki de koku yanık bir pizzadan geliyordur. Filippo konuyu değiştirdi.

"Hadi bir peçete alıp baban için bir ilan yazalım. Kalemin var mı? Şöyle yazmaya ne dersin?"

Giovanni, 39 yaşında, 1.80 boyunda. Bir kızı var.

Deneyimli bir çalışan ve şantiye amiri.

Mükemmel bilgisayar becerilerine sahip.

Usta bir bisiklet tamircisi ve harika bir aşçı.

Uyumlu bir takım çalışanı.

Ana dili İtalyancanın yanında İngilizce yazabiliyor, orta seviyede Fransızca biliyor.

Yakın bölgelerde iş arıyor. Ciddi ve çalışkan biridir.

"Harika," diye devam etti. "Bunu pizzacının duvarına asalım. Telefonumla resmini de çekeyim."

"Bu ilan biraz garip değil mi sence?"

"Garip derken ne demek istiyorsun?"

"Gazetelerde gördüğümüz ilanlara pek benzemiyor da."

Filippo durdu. Belki de ilanı yeniden okuyordur ama sessizlik çok uzun sürdü.

"Herkes bu tür ilanlara kişisel bilgilerini, tecrübelerini ve dil becerilerini yazıyor. Bence sorun yok."

Doğrusunu söylemek gerekirse ben buna pek ikna olmadım. Babamın soyadını ilandan çıkardık. Babamın bilgilerini açıkça yazmak istemedim. İlana onun telefonu yerine benim telefonumu yazdık. Gerisi şans artık.

"Sana pizza için ne kadar borcum var?"

Dışarı çıktık. Hava soğuk. Sınıf arkadaşlarımın gözlerinin üzerimizde olduğundan eminim.

"Beş avro."

Parayı cebimden çıkardım. "İşte. Annem bana bütün hafta için on avro vermişti. Gelecek haftaki borcum da içinde."

"Çok şanslısın. Annem bana sadece beş avro verdi. Daha fazlasını istersem evi süpürüp çöpü dışarı çıkarmam gerekiyor."

"Tamam, peki... Bu hafta ne kadar kazandın?"

"Beş avro."

Ağzım kulaklarıma varana kadar gülümsedim. Filippo'nun evine yürümeye başladık. Birden durup bana sarıldı. Al işte, kalbim yine pır pır ediyor.

"Şunu gördün mü?"

"Neyi?"

"Şu tuhaf hippi kadını. Şurada, köpeğiyle birlikte çöp kutusunun yanında duruyor. Kartonların üzerinde uyuyor. Kimden bahsettiğimi anladın mı?"

Filippo'nun bahsettiği hippi kadın sokakta yaşıyor ve sokakta yaşayan başka kişilerle birlikte yan yana dizili küçük borulardan oluşan bir tür flüt çalıyor. O kadını hiç görmedim ama buraya annemle beraber geldiğimde durup arkadaşlarıyla çaldığı müziği dinlerim. Babam eskiden grubun önünde duran kapağı açık gitar kutusuna atmam için bana bozukluk verirdi ama artık bizimle kasabaya inmiyor.

"Nasıl biri?" diye sordum.

"Saçları beline kadar uzanıyor. Yüzünde kocaman bir gülümseme var ve onu ne zaman görsem üzerinde büyük, bol kıyafetler oluyor. Birçok farklı enstrüman çalıyor. Olamaz, ona baktığımızı fark etti. Hadi gidelim buradan!"

Hızla ilerlemeye devam ettik. Filippo'nun oturduğu apartmana saklandık. Filippo kapıyı kapatınca çöp kutusunun olduğu tarafa baktım. Hippi kadının köpeğinin iniltisini duyabiliyorum. Belki de kaçmayı hayal ediyordur.

"Baksana Filippo, belki ben de bir iş bulsam iyi olur. Sen yerleri süpürüp çöpleri dışarı atabiliyorsun. Sence ben ne yapabilirim?"

"Hmm... Biraz düşünüp sana söylerim. Fazla bir becerin yok, değil mi?"

"Yapabileceğim bir şeyler olmalı!"

"Aslında var. Şarkı söylemek. Biz de o müzisyenler gibi sokakta müzik yapabiliriz. Sen söylersin, ben çalarım!"

"Bunu düşüneceğim. Fikir verdiğin için teşekkürler."

4

İdmana Başlama Zamanı

Klik.

Korkuyla yaşanan hayat, hayat değildir. Korkuyla yaşanan hayat, hayat değildir.

"N'aber?"

Debbie. Yanımda oturuyor. Bana kötü kötü baktığında bunu sesinden anlayabiliyorum. Debbie'nin sevdiğim tek huyu, birini sevmediğini gizleyememesi. Her sabah olduğu gibi saat sekizde sınıfı dolduran uykulu sohbetleri duyuyorum.

"Hiç. Geometri sınavı yüzünden biraz gerginim."

"Neden o şeye konuşup duruyorsun?"

"Bu bir ses kayıt cihazı."

"Her neyse işte."

Arkadaşlarına dönerek elini başına götürüp benimle dalga geçtiğinden eminim. Ne garip bir kız. Yine de kimsenin güldüğünü duymadım. Öğretmen sınıfa girince solmuş çiçek ve deodorantla karışık korkunun kokusu etrafa yayıldı.

"Sinirlerin bozulduğunda ne iyi gelir, biliyor musun? Gitar çalmak," derdi Filippo yanımda olsa.

Arkadaş olduğumuzdan beri Filippo'nun evinde haftada bir kez müzik yapıyoruz. Ben gitar çalıyorum –gitar çalmayı iyice öğrendim–, Filippo ise piyano. Tam olarak şarkı çaldığımız söylenemez çünkü ben notaları okuyamıyorum ve çok iyi bir müzik kulağım da yok. Bir keresinde, öylece içimizden geldiği gibi çaldık. Ahenkli bir melodi olması umurumuzda bile değildi. Önemli olan eğlenmek ve biz arkadaş olduğumuz günden beri bunu yapıyoruz. Filippo'nun annesi yaptığımız müziği duyunca kavgaya tutuşan iki serseri gibi şarkı söylediğimizi söyledi.

Filippo sınavlardan önce hiç endişelenmiyor çünkü sınavlarda hep birilerinden kopya çekiyor. Kopya demişken...

"Pişşt."

Seslenen Debbie mi? Öğretmen kâğıtları dağıttı. Carola, birlikte sınav kâğıdını okuduktan sonra fotokopi çekmek için dışarı çıktı.

"Hey Mafalda, sağır mısın?" Debbie'nin sesi, ucu sivri bir kalem gibi havayı delip geçiyor.

"Ne istiyorsun?" dedim. Öğretmen duymasın diye fısıldayarak konuşuyorum.

"Çemberin formülü neydi?"

"Hangi kısmının? Çapının mı, yarıçapının mı?"

"Sen söyle. Ben bilmiyorum ki. Soruda hangisi soruluyor?"

"Çemberin alanı. Yarıçapın karesi çarpı üç virgül on dört."

"Yarıçapı nasıl hesaplayacağım?"

"Şöyle yapman gerekiyor..."

"Sessiz olun! Mafalda! Küçük hanım, sen ne yaptığını sanıyorsun?"

Yüzüm trafik lambası gibi kıpkırmızı oldu.

"Öğretmenim, benim hatam. Gerçekten. Mafalda'ya yardım etmeye çalışıyordum," diye araya girdi Debbie. Bana yardım etmek gibi bir niyeti yok tabii ki. Sınavlarda yanımızdakilere soru soramayız. Bu yasak.

"Mafalda, bir sorun varsa bana sor lütfen, arkadaşlarına değil."

O kadar kızdım ki "Tamam öğretmenim," bile demeden Debbie'ye döndüm.

Carola sınıfa geri döndü. Neredeyse sınavı tamamlayamayacaktım. Odaklanamadım. Debbie söylediğimiz her şeye kulak kabarttı. Onun sınavına da ben girmiş sayılırım.

Sonraki iki dersimiz tarih. Derste hiçbir şey duyamadım. Sonra da İngilizce dersimiz var. Okuma yarışması! Son zamanlarda babama iş bulmak konusunda o kadar endişeleniyorum ki kendi ödevlerimi tamamen unuttum. Teneffüste Filippo'ya öğretmenin okumamızı istediği kitapların listesini verdim.

"Aralarında okuduğun bir kitap var mı?"

"Çikolata, lütfen."

Filippo'yla bir anlaşmamız var. Birimizde diğerinin sevdiği bir yiyecek olursa öğle yemeği için getirdiğimiz yiyecekleri değiştirebiliyoruz. Ben ona çikolata ve mısır gevrekli yoğurt verdim.

"Tadı güzelmiş. Kaşık yok mu?"

Filippo bazen mide bulandırıcı olabiliyor.

"Sana kaşığımı verirsem kendi payıma düşeni nasıl yiyeceğim? Tükürüğünün kaşığıma bulaşmasını istemiyorum."

"A, tamam. Bu da senin için."

Bana bir paket kraker ve meyve suyu verdi. Hiç değilse krakerler pizza aromalı.

"Bana da biraz meyve suyu bırak, tamam mı? Tabii biraz da kraker."

Dışarı çıktık. Kulaklarımı örten ponponsuz berem başımdaydı. Seslerden anladığım kadarıyla Filippo çikolatayı yemeye başladı.

"Filippo, beni dinliyor musun? Kitap listesine bak. Şimdiden kitaplara yetişemiyorum."

"Ben de gerideyim."

"Sen bana ne getirdin?"

Kâğıt hışırtıları duyuldu. Listeyi içinden okumaya başladı. Çok yavaş okuyor.

"Ee?"

"Biraz bekle. Hmm. İstersen sana *Martı Jonathan Livingston*'dan bahsedebilirim. Sadece bu var."

"Hiç yoktan iyidir. Senin okuman gereken kitaplar hangileri?"

"Ağaçta yaşamak için evden kaçan bir çocukla ilgili bir kitap var."

"*Ağaca Tüneyen Baron!*"

"Evet o. Sen okumuş muydun o kitabı? A, bir de *Küçük Prens* var. Bir de *Frankenstein.*"

"Ne kadar şanslısın! İlk ikisini okudum," dedim. "Ama *Frankenstein*'ı kendin okuman gerekiyor. *Büyük Umutlar*'ı okumadığına emin misin? Okulda hiç duymadın mı?"

"Hayır, duymadım güzelim."

Ne kadar da şapşal. Yine de ona bayılıyorum. Beni gerçekten güzel bulup bulmadığını merak ediyorum. İki yıldır aynada kendimi görmedim. Değişip değişmediğimi görebilseydim keşke. Ona bunu soracağım sırada zil çaldı.

Filippo'yla sınıfına doğru yürüdüm. Hemen kendi sınıfıma gitmek, Debbie'nin jelibon kokusuna katlanmak zorunda kalmak istemiyorum.

"Meyve suyu kaldı mı?" diye sordu.

Kutuyu uzatınca geriye kalan meyve suyunu pipetle gürültülü bir şekilde içti. Her zamanki gibi kutuyu çöp kutusuna isabet ettirdi. "Basket!"

"Filippo, ciddi misin sen?"

Eyvah. Bu matematik öğretmeninin sesi.

"Ne oldu ki?"

"Her yere meyve suyu sıçrattın. Dolabın hâline bak!"

"Bir peçete alıp hemen silerim öğretmenim."

"Tabii ki sileceksin. Sonra da hemen sınava!"

Zavallı Filippo. Birlikte ödev yaparken toplama çıkarmada iyi olduğunu görmüştüm. Aklından hesap yapmakta başarılı olsa da yazılı işlemlerde hep yanlışlık yapıyor. Bu hafta koordinat sistemini çalıştı ve bu konudan nefret etti.

"Bu konuyu çalışırken nerede olduğumu gösteren biri olmadan karanlık bir odada dolaşıyormuş gibi hissediyorum. Durmadan duvarlara çarpıyorum," demişti bana dün. Onun için üzüldüm ama kalbim rüyamda dans eden kızların davulları gibi çarpmaya başladı.

"Erkek arkadaşının yanından mı geliyorsun?"

Sırama oturunca Debbie bana bu soruyu sordu.

"O benim erkek arkadaşım değil."

"Onu doğum günü partine davet edecek misin?"

Doğum günümün ne zaman olduğunu nereden biliyor ki? Sırama bir şey koyduğunu duydum. Elimi uzatınca bu şeyin günlüğüm olduğunu anladım.

"Günlüğümü okuma sakın."

"Bu sadece bir ajanda. O kadar özel sayılmaz, öyle değil mi? Her neyse, önümüzdeki ay on üç yaşına girdiğini öğrendim. Parti vermeyecek misin?"

Debbie, temmuz ayında sadece yakın arkadaşlarının katıldığı muhteşem bir havuz partisi verdi. O gün Filippo'yla Debbie'nin evinin önünden geçtiğimiz sırada partidekilerin havuzda oynarken çıkardıkları sesleri duymuştuk ama çitler yüksek olduğu için hiçbir şey görememiştik.

"Tabii ki bir parti vereceğim."

"Ben de gelebilir miyim?"

Yüzüne karşı nasıl "hayır" diyebilirim ki? Yine de annemin sınıftaki herkesi davet etmeme izin verip vermeyeceğini bilmiyorum. Evimiz pek büyük değil. Ayrıca babam...

Aslında çok daha büyük bir sorun var: Annemle babamın bir doğum günü partisine izin verip vermeyeceklerini bile bilmiyorum. Bir pasta, balon, içecek ve başka şeyler almaları gerekecek ve şu anda böyle bir harcama yapamazlar.

"Ee... Tamam."

Neyse ki tam o sırada beden öğretmeni geldi. Altı hafta sonra okulun arkasında bir kır koşusu yapılacak. Spor çantamı elime aldım çünkü idman vakti geldi.

Filippo'nun sınıfı spor salonuna giden koridorda. Sınıfın kapısı ardına kadar açılmış. Teknoloji ve tasarım dersi öğretmeninin elektrik devrelerinden bahsettiğini duyabiliyorum. Filippo sınıfın arkasında, pencerenin yanında oturuyor. Sınıfın önünden geçerken kısa bir anlığına bile olsa beni göreceğini bildiğim için ona el salladım.

Ya diğerleri haklıysa? Ya gerçekten aramızda arkadaşlıktan öte bir ilişki varsa? Aramızda böyle bir ilişki olmasını istiyor muyum? Bunu istesem bile ona nasıl söyleyebilirim ki? İlk adımı ben mi atmalıyım? Yoksa ondan mı beklemeliyim?

Bunlar aklımdan geçen düşünceler sadece. Bu soruları kayıt cihazıma bile yüksek sesle söyleyemem. Ottimo Turcaret'in oynarken patisiyle yanlışlıkla "oynat" tuşuna basmasından, herkesin bu düşüncelerimi duymasından çok korkarım. Yo yo!

Böyle bir şey olursa utançtan ölürüm ve bu defa evden kaçıp sonsuza dek kiraz ağacında saklanmak zorunda kalırım.

Soyunma odasına geldik. Sınıftakiler koşu hakkında konuşuyor. Keşke ben de bana rehberlik eden ve –saygısızlık etmek istemem ama– beni yavaşlatan yardımcı öğretmenim olmadan koşuya tek başıma katılabilseydim. Şimdi kenarda durup zamanımı olduğum yerde zıplamak gibi aptalca egzersizlerle geçireceğim. Sonra biri gelip herkesi neşelendirmem için beni tribüne götürecek. Ne kadar sinir bozucu.

Ayakkabılarımın bağcıklarını bağlarken Debbie benimle konuşmaya başladı. Bu dönem başladığından beri üçüncü kez benimle konuşuyor. Sesinde nazik bir ton var, hakkını yiyemem, ama nedense onu pek samimi bulmuyorum. Bu işin içinde bir iş var.

"Mafalda, diğerlerine de söyleyebilir miyim?"

Başımı kaldırıp yüzüne baktım. "Neyi söyleyebilir misin?"

Soyunma odasındakilere dönüp yüksek sesle "Mafalda doğum günü partisi veriyor!" dedi.

Herkes çığlıklar atıp alkışladı. Benimse içimdeki öfkeden, düdüklü tencereden buharla birlikte çıkan türden bir ses yükseliyor.

"Aslında üzerinde çok düşünmedim."

"Hadi ama, bugün bana derste kendin söyledin ya! Herkesi davet edeceğim dedin."

Ayağa kalkıp ona biraz daha yaklaştım. İyice yanına geldim. Yüzlerimizin birbirine değecek kadar yakın olmasını istiyorum. Filmlerde tartışan insanlar gibi. "Senden yardım isteyen olmadı."

Soyunma odasına bir sessizlik çöktü.

"Neden bu kadar kafana takıyorsun ki? Hepimiz senin partine geleceğiz. Evinizin küçük olması o kadar da sorun değil..."

Bütün gücümle onu ittim.

Düşmedi. Öfkeli adımlarla bana doğru geldiğini hissettim. Yüzünü kapama Mafalda. Cesur ol! Hazırlıksız olduğum anda beni birden itince arkaya doğru savrulup duvardaki askılara çarptım.

Bazen kendimi kaybettiğim doğru. Böyle anlarda her şey kıpkırmızı oluyor, kulaklarımda motor varmış gibi boğuk bir uğultu duyuyorum. Olan biteni fark ettiğimde bir korku sarıyor içimi. Birazdan da çıkaracağım karışıklık olup bittikten sonra kendime geliyorum.

Dengemi sağlayıp ileri atıldım ve Debbie'nin saçlarının olduğu yere uzandım. Artık sadece birbirimizin saçını çekiyor, birbirimizi tırmalıyor, spor salonunun tozlu zemininde sağa sola yuvarlanıyoruz. Etrafımızda toplananlar bağırıp bizi desteklerken Debbie'yle ben homurtular çıkarıyoruz. Tabii birbirimize birkaç tokat atmayı da ihmal etmiyoruz. Ben ıskalıyorum ama Debbie ıskalamıyor.

"Kesin artık!" diyerek Carola bir hışımla içeri girdi. "Herkes dışarı! Mafalda, Deborah ayağa kalkın!"

Diğerlerinin yavaşça soyunma odasından çıktığını duydum.

Bu kavganın nasıl sonlandığını merak ediyorsunuz, eminim. Hemen anlatayım! Kendimizi müdürün odasında bulduk. Estella burada olsa bana "Gördün mü Mafalda? Gözlerin görmese de aptal bir kıza vurabiliyorsun," der, bu durumdan memnun olurdu. Ama eve gidince annesine gönderilen ve disiplin cezası aldığımı haber veren mektupla karşı karşıya kalacak kişi Estella olmayacak. Bugünlerde okuldaki işlerle annem ilgileniyor. Karnelerimi, sınav sonuçlarımı ve buna benzer şeyleri ona gönderiyorlar. Eskiden annemle babam bu işlerle beraber ilgilenirlerdi ama artık babamın bunlarla uğraşacağını sanmıyorum. Hiç enerjisi yok. Hep yorgun.

Müdürün odasını ziyaret ettikten sonra spor sahasına dönmek zorundayım.

Sınıf arkadaşlarımın sesleri uzaktan geliyor. Koşuyorlar.

"Bana kızgın mısınız, Carola?"

İlk defa bir öğretmene ismiyle hitap ediyorum. Carola yanıma oturdu. Tribünün koşu pistine yakın olan ilk sırasında oturuyoruz.

"Hayır. Sadece kavgadan nefret ediyorum. Özellikle de kızlar arasındaki kavgalardan. Kızlar kendilerini böyle alçaltmamalı."

Ne demek istediğini pek anlamasam da başımı salladım. Daha sonra bu konu hakkında düşüneceğim ve haklı olup olmadığına karar vereceğim. Bana sorarsanız kızlar da erkekler gibi kavga edebilmeli ama sonrasında üstünlük iddiasında bulunmamalılar.

"Carola, benim canım zıplayıp tezahürat yapmak istemiyor," dedim.

"Ne yapmak istiyorsun peki?" diye sordu ayağa kalkarak.

"Pistte koşmak istiyorum."

Sessizlik oldu. Konuşmaya başladığında sesinden gülümsediği anlaşılıyor. "O zaman en azından denemeliyiz."

Denemezsek ne olacağını bilemeyiz, öyle değil mi?

***

Salı günü, saat dört. Bu saatte yapılacak tek bir şey var: Filippo'nun evinde limonlu çay içip müzik yapmak.

Filippo'nun annesi, Cristina, iki yıl önce beni evlerine davet etmiş, bunu bir alışkanlık hâline getirmemizi teşvik etmişti. Bu teklifi çok hoşuma gitmişti çünkü bu toplantılar bana Estella'yla odada bir araya gelip gizlice *Küçük Prens*'i okuduğumuz ve prensin evcil tilkisinden bahsettiğimiz zamanları hatırlatmıştı.

Filippo'ya sesli mesaj gönderdim. "*Bugün bize gelebilir misin? Tarih dersinden bir yığın ödevim var.*"

Hemen cevap verdi. "*Olur.*"

Debbie'yle kavga ettiğimi söyleyince Filippo kahkahalarla güldü. "Kulübe hoş geldin!" dedi. Dövüş kulübünden mi, yoksa kavgadan sonra müdürün odasına gitmemden mi bahsettiğini anlayamadım.

Debbie de müdürün odasındaydı. Müdür ona, insanlara –özellikle de bazı engelleri olan insanlara– vurmanın kötü bir şey olduğunu söyledi. Sonra bana daha fazla kızdığını çünkü *benim gibi birinden* arkadaşına vurmak gibi küçük düşürücü bir davranışı hiç beklemediğini söyledi. *Benim gibi biri* derken ne demek istediğini anlamadım. Kızlar ya da gözleri görmeyenler kavga edemez mi yani? Düşünüyorum da gözlerim görmeden *yapamayacağım* bu kadar çok şey varken *yapabileceğim* şeylerin bir listesini tutmanın ne anlamı var ki?

Of. Filippo'yu beklerken annemle babamın yatak odasına gittim. Her zaman olduğu gibi yavaşça kapıyı açıp odanın kokusunu içime çektim. İçeride annemin parfümünün (Cristina'nın geçen yıl ona hediye ettiği parfümü kullanıyor.) ve babamın huzursuz, çatırtılı sessizliğinin kokusunu aldım. Babam yine yatakta.

"Baba?"

"Efendim?"

Sesi yorgun geliyor.

Odaya girdim, elimi uzatıp komodinin üzerindeki fotoğrafın çerçevesine dokundum. Bu, düğün fotoğrafının olduğu gümüş çerçeve değil, babaannemin fotoğrafının olduğu ahşap çerçeve.

"Dedemle babaannem nasıl tanışmış?"

Babam annesi hakkında konuşmaktan mutlu olsa da babası hakkında konuşmaktan pek hoşlanmaz.

"Yine bunu konuşmayalım."

"Neden?"

"Çünkü dedenle ben iyi anlaşamazdık. Çok katı biriydi."

"Ne iş yapıyordu?"

"Arazi mühendisiydi."

"Senin gibi ev inşasında mı çalışıyordu yani?"

"Evet, ama o benden çok daha yetenekliydi. Ben sadece şantiye amiriyim. Ayrıca o hiç işinden kovulmamıştı."

Yatağa biraz daha yaklaştım. "Ama bu senin suçun değildi ki baba."

Yatakta döndü. "Şimdi bu konu hakkında konuşmak istemiyorum."

Bir süre sessiz kaldık.

"Cumartesi günü birlikte bisiklete binelim mi?"

Babam bisiklete binmeyi sever. İki tekerlekli bisiklete binmeyi bana yalnızca iki yaşımdayken öğretmişti. Babam bisikleti tutarken her şey çok kolay olmuştu.

"Bisiklet mi? Nereye gitmek istiyorsun?"

"Herhangi bir yere. Canımız nereye isterse."

Babam içini çekti. Evet demeyecek. Ona sormadan önce belli bir yer düşünmeliydim. Neyse, en azından şansımı denedim. Denemeden bilemezsin, öyle değil mi?

Klik.

Sevgili kiraz ağacı, bana biraz şans gönder. Bu defa babamın şansa ihtiyacı var. Babamın iki yıl önce benim yaptığım gibi kaçıp senin dallarının arasına saklanmak istediğini hissediyorum ama büyüklerin böyle şeyler yapıp yapmadığını bilmiyorum. Kocaman, güçlü babamın bir ağacın dalına tırmanıp bütün gün kiraz yediğini düşünmek beni güldürüyor. Sonra onun orada üzgün ve yalnız olduğunu düşününce içimden ağlamak geliyor.

Benim sevgili ağacım, bu üzücü görüntüyü aklımdan nasıl çıkaracağım? Bana bir işaret gönder lütfen.

5

Neden Bitirmiyorsun?

Yine bir cumartesi günü, öğleden sonra...

Filippo, annesinin fotokopi dükkânında babamın iş ilanını içeren birkaç broşürün baskısını aldı. Elimizdeki bütün seçenekleri değerlendirmeye karar verdik.

İlanları Filippo'nun yaşadığı mahallede dağıtmaya başladık.

"Tamam," dedi Filippo. "Burada arka arkaya park etmiş bir yığın araba var. İlk sıradaki arabanın ön camının sileceğinin altına ilan bıraktıktan sonra bir sonraki arabayla devam et. Ben sokağın bu tarafındaki arabaları alıyorum. Sen de karşıdakileri al."

Biraz korkarak ayağımın ucuyla kaldırımın kenarını yokladım ve eldivenli elimi uzatarak sıradaki ilk arabanın kapısına dokundum. Ya alarm çalarsa? Ya parmaklarım sileceklerin altına sıkışırsa? Hayır, bunun olmasına izin veremem. Babamın iyiliği için.

Ottimo da bizimle birlikte. Arkamızdan geldi. Bir şeye çarpacak gibi olursam o beni uyarmak için ayağıma atlayacaktır.

Yaklaşık on arabaya ilan bıraktıktan sonra Filippo benim olduğum tarafa geldi.

"Bitti mi yoksa?" diye sordum.

"Park yasaktır yazan trafik işaretine kadar gittim. Sen devam et. Ben şimdi gidip posta kutularına ilan bırakacağım."

Bir süre birlikte yürüdük. Bu sırada Ottimo arabaların arasında uzanmış, bizi bekliyordu. Bu iş pek zor değil aslında. Tabii insanların arabalarına bıraktığımız bu ilanlara hiç bakmadan onları kenara atacağından duyduğum endişeyi ve soğuğu saymazsak. Filippo'ya bu endişemden bahsettim.

"Atarlarsa atsınlar. Önemli olan ilanın onu okuyacak doğru kişilerin eline geçmesi."

"Biliyorum. Peki sen böyle bir işi yapar mıydın? Yani ilan dağıtmaktan bahsediyorum. Bu işte pek iyi para kazanılmadığını duymuştum."

"Kim söyledi bunu?"

"Kuzenim. Eskiden bu işi yapıyordu."

"Deneyebilirim ama motorlu bir kurye olmayı tercih ederim."

"Evlere yiyecek dağıtan kişilerden mi bahsediyorsun?"

"Evet."

"Heyecan verici. Peki bir süreliğine mi yoksa kalıcı olarak mı bu işi yapmak istersin?"

"Gerçekten sevebileceğim bir iş bulana kadar. Örneğin pilotluk gibi."

"Pilot olmak için çok ders çalışman gerekiyor."

"Bir yazar da olabilirim."

Cevap vermeden birkaç arabaya daha ilan bıraktım.

"Biliyor musun, aslında seni bir yazar olarak hayal edebiliyorum," dedim.

"Teşekkürler. Ben de seni bir yazar olarak hayal edebiliyorum."

"Ne, yazar mı?"

"Evet. Geçen yıl yazmaya başladığın kitabı hatırlıyor musun?"

"O, iki yıl önceydi."

"Neyse işte, onu beğenmiştim. Neden o kitabı bitirmiyorsun?"

"Çünkü..."

Kulağa güzel gelen bir flüt sesi dikkatimi dağıttı. "Kim o?"

"Müzik yapan şu hippi kadın. Tezgâhını kilisenin meydanına kurmuş."

"Ne satıyor ki?"

"Bilmem. Üzerinde tüyler olan bir şeyler..."

Sesin geldiği yere yaklaşıyoruz. Müziğin sesi gittikçe yükseliyor. Müzisyen kadının radyosu açık olmalı.

"Nereye gidiyorsun?"

"Ona bir ilan vereceğim."

Bir uyurgezer gibi kadına doğru ilerledim. Bu meydanı iyi bilirim. Etrafta bir fıskiye, ağaç ya da heykel olmadığını biliyorum. Sadece müziğe doğru yürüyorum.

Tezgâhtan deriye ve tütsüye benzeyen güzel bir koku yükseliyor. Ama bu koku kilisede yakılan tütsülerin kokusu gibi değil. Aklıma yine rüyam geldi. Çimenlerde koştuğum anlar zihnimde canlandı... Tezgâhtan gelen bu koku, bana özgürce koşan vahşi bir hayvan olduğumu hissettiriyor nedense.

"Yardımcı olabilir miyim?"

Babamın kahvesini andıran derin, nazik ve genç bir ses bu. Müzisyen kadının sesi.

"Şey... Evet. Bunlar nedir?" diye sordum. Önümdeki şeylerde parmaklarımı gezdirmeye başladım. Tüylü şeylere, küçük, pürüzlü cüzdanlara, örgü bilekliklere ve kâselere dokundum.

"Tılsımlar. Kendim yapıyorum. İki tane alana üçüncüsü bedava."

"Ne kadar?"

"Fiyatları değişiyor. Hangisini istiyorsun?"

"Şey... Bilmem. Onlara dokunabilir miyim?"

Müzisyen kadın cevap vermedi. Yerinden ayrılıp yanıma geldiğini hissettim.

"Senin doğadaki özel güçlerin arkadaşı olduğunu görebiliyorum. Tezgâhıma hoş geldin."

"Neeee?" diye çığlık attı Filippo.

Ben mi? Doğadaki güçlerin arkadaşı mı? Kadın kahverengi bir kelebeği andıran hafif, canlı bir kahkaha attı.

"Yanında bir kedi var. Kediler genelde insanlarla dışarıda dolaşmaz. Yani kendi rızalarıyla demek istiyorum. Ama lütfen kedine söyle, pençelerini battaniyemden uzak tutsun. Sadece bir tane battaniyem var."

Ottimo Turcaret! Belli ki bu büyüleyici kadınla çoktan tanışmışsın. "Ottimo, buraya gel!"

Kedim birkaç kez bacaklarımın arasından geçince onu okşadım. Sonra Filippo, Ottimo'yu yerden kaldırdı ve onun çok ağır olduğundan şikâyet etmeye başladı.

"İsimleriniz ne?"

"Ben Mafalda. Bu da Filippo."

"Benim adım da Elsa."

Daha farklı bir isim bekliyordum. Belki de Gün Batımı, Yıldız ya da bunlara benzer bir isim olabilirdi. Ama Elsa da güzel.

"Bu da Ernesto."

Tezgâhın arkasından bir inleme sesi geliyor. Elsa'nın köpeği.

"Kocaman bir köpek!" diye bağırdı Filippo.

"Evet, öyle. Hem de kapkara. Ne kadar siyah olduğuna baksana! Ernesto, benim büyük, güzel oğlum."

Köpek bir kez daha inledi.

"Ernesto sarılmayı çok sever ve kedilere de hiç hırlamaz."

"Hapşu!"

Ernesto üşütmüş anlaşılan.

"Affedersiniz, polene alerjisi var da. Bir de kavuna, beyaz çikolataya, at kılına. İstersen bunu al. Bir 'düş kapanı'. "

Elsa, avucuma örülerek yapılmış boncuklu bir şey bıraktı. Birbirine çarpan boncuklardan çok güzel bir ses geliyor. Üzerinde tüyler ve başka ahşap süsler de var. Eldivenlerimi çıkarıp parmaklarımın ucuyla dokunduğum süslerin ay, çiçek ve... Kedi şeklinde olduğunu fark ettim!

"Onu bir pencerenin yakınına asarsan rüzgârla sallanıp tıngırdar."

Düş kapanıma bayıldım. Aslında bana sihirliymiş gibi geliyor. Benim olması gerektiğini hissediyorum. Belli etmeden ceplerimi kontrol edip ne kadar param kaldığını anlamaya çalıştım.

"Ne kadar?"

"Sekiz avro."

Sadece dört avrom var sanırım. Filippo'ya sordum. İki avrosu kalmış. Herhâlde moralimin bozulduğunu fark ettiği için onları bana vermeyi teklif etti.

"Sen bugün parasız ne yapacaksın?"

Omuzlarını silktiğini tahmin edebiliyorum. "Evi süpürürüm."

Elsa'ya paraları gösterince elimizde istediği kadar para olmamasına rağmen "Sorun değil," diyerek düş kapanını bir kese kâğıdına koydu.

"Teşekkürler."

Ağlamak üzereyim. Annemle babam bana babaannemin yaptığı battaniyeyi hediye ettiğinden beri bu kadar mutlu olmamıştım.

"Dur."

Elsa elimi tutup bileğime bir şey bağladı. Ortasına bir boncuk işlenmiş bir bileklik.

"Ne renk?" diye sordum Filippo'ya.

"Yeşil," dedi. "Üzerinde bir ağaç var. Tam burada, ortada. Hissedebiliyor musun?"

"Bu bileklik sana şans getirecek Mafalda."

Müzisyen kadına baktım ama ne söyleyeceğimi bilemedim. Onu görebilmeyi ne kadar da isterdim! Gözlerimdeki karanlıkta gölgesi kocaman görünüyor. Gerçekten çok büyük.

"Aslında sana verdiğim şeye benzeyen 'ruh avcısı' adında başka bir şey daha var ama ben düş kapanlarını tercih ediyorum."

Biz avdan bahsederken meydanın diğer tarafında, kilisenin önünde bir yerlerde bir hareketlilik oldu. Soğuk havada birinin bağrışı duyuldu. "Yine burada mısın sen? Seni daha önce de uyarmıştım. Kilisenin önünde satış yapamazsın! Hemen gitmezsen polis çağıracağım!"

"Çocuklar, benim kaçmam gerekiyor."

Kumaşların hışırtısını duydum. Elsa kâseleri toplayıp bir şeye –büyük ihtimalle bir çantaya– doldurdu.

"Nereye gideceksin?"

"Bilmem. Başka bir yere," dedi Elsa.

Filippo kolumu çekti. "Hadi gidelim."

"Bugün yatacak bir yerin var mı?" diye sordum.

"Mezzani Barınağı'nda kalacağım. Tabii yer varsa."

Mezzani Barınağı, kalacak yeri olmayan insanların gideceği tek yerdir. Hiç düşünmeden bir broşür ve kalem çıkarıp kâğıdın üzerine adresimi yazdım (Umarım okunaklı olmuştur.) ve broşürü Elsa'ya uzattım. "İstersen buraya gelebilirsin. Bahçede bir kulübe var. Biraz pis ama..."

Elsa kâğıdı alıp koşmaya başladı. Tezgâhını ve diğer eşyalarını taşımak zorunda olduğu için çok hızlı koşamıyor. Şu katlanır tezgâhlardan kullanıyor olmalı. "Teşekkürler," diye bağırdı. Sesi uzaktan geliyor. "Ernesto, tatlım buraya gel!"

Köpeğine kısa, keskin bir ıslık çaldı. Elsa hiç buraya gelmemiş gibi Filippo'yla boş meydanda yalnız kaldık.

***

"Bir üst katta oturuyor," dedi Herbert. Hâlbuki ben bunu kastetmemiştim. Ben adamın nasıl geçindiğini sormuştum. Herbert, "Onu hiç görmedim çünkü biz Clara'yla tanıştığımızdan beri o üst kattaki odasından hiç çıkmadı ama sesini duyuyorum. Gürültü yapıp duruyor, ulumaya benzer sesler çıkarıyor, tuhaf bir şeyle güm güm diye yere vuruyor."

"Hey! Küçük hanım! Sana söylüyorum!"

Sesli kitabı durdurdum. Kulağıma hafif bir ıslık sesi geliyor. Kim sesleniyor acaba?

"Buradayım, balkonda!"

Ayağa kalktım. Ottimo kulübenin gölgesinde, soğuk çimenlerde kendi sıcaklığında kıvrılıp yatıyor.

"İyi günler Bay Rossi."

"Sana da iyi günler. Uyuyordum."

"Bu saatte mi?"

"Seni ilgilendirmez. Ne dinliyorsun?"

"Okul için okumam gereken bir kitabı."

"*Büyük Umutlar* değil mi o?"

"Evet. Siz bu kitabı biliyor musunuz?"

Komşumuzun balkonun tırabzanlarına vurduğunu duydum. "Ha ha! Bilmek mi? En sevdiğim kitaplardan biridir. Ama lütfen onu orada oturup dinleme. Çok ses geliyor. Şu şeylerden taksana. Şeylerden..."

"Kulaklık. Affedersiniz, hemen gidip kulaklıklarımı alacağım."

Tam adım attığım sırada yeniden seslendi. "Dur, bekle. Bana bir iyilik yapar mısın? Şu kulübede bir çiçek sulama kabı olacaktı. Galiba sağ tarafa koymuştum. Evdeki çiçekleri sulayacağım. Onu bana getirebilir misin?"

"Tabii."

"Tamam, seni bekliyorum o zaman."

Balkonun kapısını kapadı. İçeri girmiş olmalı.

Kulübeye girdim. Birkaç küçük adım atarak sağ tarafı yoklayınca babamın bahçe aletlerine ve diğer komşuların eşyalarına dokundum. Babam ne zamandır çimleri biçmiyor acaba? Neyse ki kış mevsimindeyiz. Heh, işte aradığım şey de burada. Küçük bir sulama kabı. Onu alıp geri geri giderken burnuma güzel bir koku geldi. Deri ve tütsü kokusu. Kulübenin koyu karanlığında arkama baktım. Elsa dün gece burada kalmış olabilir mi?

Tak tak.

Bay Rossi'nin kapıyı açması çok uzun sürüyor.

"Ah, aferin sana küçük hanım."

Sulama kabını teşekkür bile etmeden hızla elimden alıp içeri girdi. Terlik seslerini duyuyorum. Ne yapacağımı bilemeden arkamı dönüp merdivenlere yöneldim. "Nereye gidiyorsun? İçeri girsene!"

Bay Rossi'nin evinden yıllardır tozu alınmamış kitap kokusu geliyor. Bir de limon ve sütlü kahve kokusu. Kötü bir koku değil. Komşumuzun evini iyi bilmediğim için yavaş yavaş ilerledim. Sonra birden buruşuk bir el bileğimden tuttu. "Buradan gel. Bu evin planı sizin evin planıyla aynı. Cesur kız. Otur bakalım."

Çok rahat, kadife döşemeli bir koltuğa oturdum. Bay Rossi'nin musluğu açtığını duydum. Sonra bir salyangoz hızıyla oturduğum odaya geri döndü ve yere su dökmeye başladı. Hayır, yere değil. Çiçeklerini suluyor.

"Ne tür bitkileriniz var?"

"Limon. Avokado. Fesleğen. İncir."

"Avokado mu?"

"Evet, avokado. Avokadoyla ilgili bir sorunun mu var?"

"Yo, hayır. Sadece..."

"İçecek bir şey ister misin?"

"Hayır, ben..."

"Tamam. O zaman aç şu kaydı bakalım."

Oynat tuşuna bastım ve anlatıcı, Pip'in hikâyesini okumaya başladı.

Herbert bana bakarak içten bir kahkaha attı. Eski neşesi yerine gelmiş gibiydi. "Onu hiç görmeyecek misin yani?" dedim.

"Ah, ne güzel!" dedi Bay Rossi heyecanla.

Kaydı durdurdum.

"Dickens'ın en güzel kitaplarından biri."

"Hepsini okudunuz mu?"

Kibar davranmaya çalışsam da merakıma engel olamıyorum.

"Dickens'ı ve başka birçok yazarı okudum."

Bay Rossi'nin odada yürüdüğünü, odanın uzak bir yerinde bir şeylerle uğraştığını duydum. "İşte, bu Homeros'un yazdığı *İlyada*. Bu da Dante'nin *Cehennem*'i. *Uğultulu Tepeler* ve... Bir bakalım... İşte burada da *Büyük Umutlar* var!"

Yanıma gelip elindeki kitapları kucağıma koydu. Kitapların hepsi büyük ve ağır. Koltuğa iyice gömüldüm. Hepsine tek tek dokundum, kapaklarını okşadım, sayfalarını yüzüme yaklaştırıp çevirdim. Ah, yapraklar ne kadar da güzel kokuyor! Ne kadar özlemişim bu kokuyu.

"Eski kitapları mı topluyorsunuz?"

"Ben eskiden bir oyuncuydum..."

Vay canına! Daha önce bir oyuncuyla hiç tanışmamıştım.

"Aynı zamanda da bir kitap kurduyum tabii ki. Sana bir teklifim var, küçük hanım. Şimdi beni dinle."

Ve artık bir işim var.

Bay Rossi'yle bir anlaşma yaptık. Haftada en az iki kez eczaneye gitmek, ekmek almak, evdeki bitkileri sulamak, kitapların tozunu almak gibi işlerde ona yardım edeceğim.

"Kızım beni ayda ancak bir kez ziyaret edebiliyor. Bu da yeterli olmuyor tabii."

"Size yardım edecek torunlarınız yok mu?"

"Hayır. Bu güçsüz bacaklarla yalnızım."

Bu sözlerin üzerine gülümsedim. Bay Rossi de gülümsedi.

"Ama Bay Rossi, bazı işleri yapmak için arkadaşımdan yardım alabilirim. Dışarıdaki işler söz konusu olduğunda tek başıma pek iyi değilim."

"Sen nasıl istersen."

Doğrusunu söylemek gerekirse Bay Rossi'nin nasıl çalışacağımı bana bırakması çok hoşuma gitti. Benden istediği şeyleri yapabileceğimi düşündüğü belli oluyor.

Bu işlerin karşılığında komşumuz da bana ödev olarak okumam gereken kitapları anlatacak. Bunu ışık hızından daha hızlı yapacağını söyledi. Bu konuda şüphelerim var ama sanırım denemeden bilemem.

Bana Filippo'nun okuduğu kitaplardan da bahsedeceğini söyledi. Bu işten para kazanmayacağım ama galiba bu o kadar da kötü bir şey değil.

6

Sağır Eden Sessizlik (Çalıntı Mum Hariç)

"Yani bu tuzağa düştün ve şimdi de büyük bir doğum günü partisi veriyorsun! Buna bayıldım. Zaten vermelisin de. Sonuçta bu senin on üçüncü doğum günün. Çok önemli!"

Filippo balonları şişirmeme yardım ediyor. Evet, en sonunda tuzağa düşmüştüm. Aptal Mafalda. Aptal, aptal, aptal! Beni bu işe Debbie bulaştırdı ve ben de başından beri işin içinde bir bit yeniği olduğunu bilmeme rağmen bu işten sıyrılamadım. Doğum günü partimden bahsediyorum tabii ki. Bir ay önce Debbie'yle soyunma odasında birbirimize girdik. Şimdi ise misafirlerimin gelmesini bekliyorum. Bu tuzağa düştüğüme inanamıyorum.

Partilerden korkarım! Partilerde karanlıkta dans etmen gerekebilir. Yine de ben zaten karanlıkta olduğum için avantajlı durumdayım. İçecekleri koyduğum masayı devirmem umarım.

Annem bu kadar yoğun olduğu hâlde benim için parti verdiği için gerçekten çok mutluyum. Paramız olmadığını düşünüp parti vermek istemediğimde bana kulak asmadı, hatta benden daha çok heyecanlandı! "On üç yaşına giriyorsun Mafalda, özel bir şey yapmalıyız," dedi heyecanla. Hatta beni alışveriş merkezine götürüp yeni bir etek, birkaç balon ve güzel bir pasta aldı.

"Bu etek sana çok yakıştı!" dedi başını soyunma odasına uzatıp. Bunu yapmasından nefret ediyorum ama bugün benimle iki saat geçirdiği için onu affettim!

Bugün saçımı örme teklifini yine reddettim ama saçımı taramasına izin verdim. Saçlarımı uçlarına kadar tarasak da saç tellerimin tekrar kıvırcıklaştıklarını fark ettik ve düzgün kalabilmeleri için saçımı kulaklarımın altından kuyruk yapmaya karar verdik.

"Sence öğretmen kitabın tamamını okumadığımı anlar mı?"

Filippo sandalyeden yere atladı. Yüzüme tuttuğu şişmiş balonun havasını boşaltarak balondan ses çıkardı.

"Bunu pek düşünmedim. O kadar da önemli değil zaten. Yeni patronun her şeyi en ince ayrıntısına kadar sana anlatacak sonuçta. Kitapta yazanları uyduracak değil ya."

"O benim patronum değil, Bay Rossi. Her neyse, anneme minik tartları dolaptan çıkarması için yardım eder misin? Benim başka bir şey yapmam gerekiyor."

***

"Baba."

İçeride sağır edici bir sessizlik var. Sessizliğin bir odayı tamamen doldurabileceğini hiç düşünmemiştim.

"Baba?"

Babam yatağında uzanmıyor. Yatağın kenarına, pencerenin önüne oturmuş. Nefes alışını duyuyorum. Çok ama çoook uzun bir iç çekiş geldi kulağıma.

"Ne oldu Mafalda?"

"Okul arkadaşlarım bugün doğum günüm için bize gelecek."

"Biliyorum. Annen söyledi."

"Doğum günümü kutlamamana alınmıyorum ama pastam kesilirken orada olmanın benim için çok önemli olduğunu bilmeni istedim."

Yine sağır edici bir sessizlik. Parmaklarımın ucunda kapıya doğru yürüdüm. Tam kapıyı kapamak üzereyken tuzlu deniz kokusunu aldım. Gözyaşları. Babamın gözyaşları deniz kokuyor. Peki ama deniz bu kadar güzelken babamın gözyaşları neden bu kadar can yakıcı?

***

Okul arkadaşlarımın hepsi burada. Grip olan iki kişi hariç. En son gelen Debbie oldu. Bana iki beden büyük bir mayo hediye ettikten sonra arkadaşlarıyla dans etmeye başladı.

"Sana aldığım hediyeyi beğendin mi?" diye sordu Filippo. Üzerinde cipslerin ve patlamış mısırın olduğu masanın yanında duruyor. Müzikten sesini duyurabilmek için sesini yükseltmek zorunda kalıyor.

"Evet, teşekkürler. Nereden aldın?"

"Hadi dışarı çıkalım."

Balkona çıktık ve müzik sesinden uzaklaşmak için kapıyı kapadık.

"Aldığın kemeri sevdim. Yumuşacık."

"Kemer değil ki. Saç bandı. Babaannenin düğününde taktığı gibi bir saç bandı istediğini söylemiştin."

"A, doğru. Söylemiştim!"

"Hippi kadının tezgâhından aldım."

"Teşekkürler. Ne olduğunu anlamadığım için kusura bakma. Artık parmaklarımla da göremiyorum demek ki."

"Mafalda, böyle şeyler söyleme."

Saat dokuz oldu. Güneş battı, hava karardı. Bay Rossi de yatmıştır eminim. Partide ses yaptığımız için bana yarın kızacak büyük ihtimalle.

Karanlıkta kaldığımdan beri saatin tam olarak kaç olduğunu tahmin edebildiğimden bahsetmiş miydim?

"Bazen neler olduğunu bilmemek beni deli ediyor. Gözlerim iyileşecek olsa görebileceğim şeylerden bahsediyorum! Belki de gökyüzü mor, kirazlar mavi olacak..." dedim Filippo'ya.

Güldü. "Böyle konular hakkında endişelenmene hiç gerek yok. Her şey eskisi gibi. Bu arada, yeniden görebilmek seni gerçekten korkutuyor mu?"

"Bilmiyorum Filippo. Artık böyleyim. Karanlıktayım ve saçlarımı toplamaya tahammül edemiyorum. Seninle bisiklete binmeyi, müzik olmadan gitar çalmayı ve sesli günlük tutmayı seviyorum."

"Ama?"

"Anlamıyor musun? Gözlerim geri gelse hayatım yine çok değişecek."

"Az önce saydığın şeyleri, yeniden görmeye başladığında da yapabilirsin."

"Biliyorum ama..."

"Ama ne?"

"Belki de yeniden görmekten korkuyorumdur."

"Aslında aradan iki yıl geçtikten sonra beni tekrar görüp yüzümü beğenmezsen bu hiç iyi olmaz."

"Daha önceden seni beğendimi kim söyledi ki?"

Güldük. Ona dönüp yüzüne dokundum. Alnından başlayıp önce burnuna, sonra yanaklarına ve çenesine dokundum.

"Terlemişsin ama iki yıl önceki gibisin."

"Sen de öylesin. Şey, aslında farklı ama aynı."

"Farklı ama aynı derken ne demek istiyorsun?"

Ottimo Turcaret nazikçe bacaklarıma sürtündü. Biri onu dışarı çıkarmış olmalı.

"Nasıl desem... Farklısın... Daha büyüksün."

"Uzun muyum? Yeniden görsem ne yapardım biliyor musun? Kiraz ağacını gördüğüm noktadan ağaca kaç adım olduğunu sayıp onun yanına gider ve dallarına dokunurdum."

"Mafalda. Gel bir anlaşma yapalım. Sonsuza dek arkadaş olalım. İkimiz de otuz yaşına kadar birini bulamazsak evlenelim."

Bir kahkaha attım. "Bu çok saçma ama tamam, ben varım."

Elimi uzattım. Ama Filippo elimi sıkmadı.

"Ne oldu?"

"Söylediğim şeyi ciddiye almıyorsun. Bir anlaşma yapmamız gerekiyor. Hemen, şimdi."

Aklını mı kaçırdı acaba? Hayatımın nasıl olacağını, ileride nasıl biri olacağımı bilmiyorum. Karanlıktan çıkabilecek miyim? Filippo benim gibi... Gözleri görmeyen bir eşi olmasını gerçekten ister mi? İşte ilk kez söylüyorum bunu. Hep aklımda olsa da bu düşünceyi itiraf etmek gerçekten çok rahatlatıcı.

Her neyse. Hâlâ cevaplamadığım bir sürü soru var. Bunun için zamana ihtiyacım var.

"Tamam, düşünmek için birbirimize üç ay süre verelim mi?"

"Tamam. Süre dolunca nerede buluşacağız?"

Bahçenin altındaki boş karanlığa döndüm. O sırada Filippo'nun da Elsa'nın verdiği, üzerinde tılsım olan bilekliğe dokunduğunu hissettim.

"Kiraz ağacının altında."

"Saat kaçta?"

"Dağda otururken bana ışıkla işaret verdiğin zamanı hatırlıyor musun? Gece yarısıydı. Çok güzeldi."

"O zaman gece yarısı buluşalım, ne dersin? Ya da tam öğle vaktinde. Bu daha kolay olur."

"Tamam, anlaştık. O zaman üç ay sonra buluşuyoruz. 1 Mayıs'ta, gün ortasında, okulun dışında."

"Sonra da ileride evlenip evlenmeyeceğimizi kararlaştıracağız."

"Tamam. Tabii daha önce kimseyle evlenmezsek." Güldüm.

Filippo gülmedi.

"Filippo dans etmeye geliyor musun?"

İçeriden sıcaklığın ve pizzanın kokusu geliyor. Bir de jelibon kokan yapış yapış bir ses. Debbie.

"Geliyoruz."

İçeri girip Roly'yle, sınıf arkadaşlarımla ve bir gazoz şişesiyle dans ettim. Aslında Filippo'nun Debbie'yle dans ettiğini düşünmemek için dans ediyorum. Havada benzin kokusu var ve bu kokunun benden, kalbimden geldiğini hissediyorum.

Annem doğum günü şarkısını söyleyerek odaya girdi. "İyi ki doğduuun."

"Anne orada dur demiştim!"

Herkes doğum günü şarkısını söylediği için kimse beni duymadı. Beni odanın ortasına ittiler. Mum alevinin sıcaklığını yüzümde hissettim. Şarkı bittiğinde hepsini söndürdüm. Yani hemen hemen hepsini çünkü her zaman sönmeyen bir mum oluyor.

Ama sıcaklığın tamamen yok olduğunu hissettim. Biri mumu söndürmüş olmalı.

"İyi ki doğdun Mafalda!"

"Baba!"

Zıplayıp babama sıkıca sarıldım. İstediğimi yaptı. Kalkıp beni görmeye geldi! Bu benim en güzel doğum günüm. Babam mumumu çalmış olsa da.

***

Ağaçtayım.

"Mafalda, bize biraz kiraz at!"

Aşağıda kim var?

Kızlar dönmüşsünüz! Sizi görmek ne güzel. Estella, babaanne... Elsa sen de buradasın! Daniela, seni kim getirdi? Baban mı? Erkeklerin bu çimenlikten haberi olduğunu bilmiyordum. Yani pofuduk kedimin dışındaki erkeklerin. O kıyafetlerle çok güzel görünüyorsun! Parti mi veriyorsun? Neyse ki kırmızı eteğim üzerimde.

Alın bakalım. Kiraz. Babaanne çekil yoksa kirazlar başına düşer!

Bir dakika bekle. Şuradaki dala gideyim. Onda daha fazla kiraz var. Kızlar, buradan gördüklerime inanamazsınız. Bir yığın kırmızı bulut var...

Ah olamaz! Ayağım kayıyor! Düşüyorum kızlar, yardım edin! Artık sizi göremiyorum! Nereye gittiniz? Neden her yer kapkaranlık? Neden artık rüyamda bile göremiyorum? Neden?

Düşüyorum...

"ANNE!"

Her yer karanlık. Odamdaki, evdeki, dünyadaki her yer. Saat 3.30. Bundan eminim. Sessizliğin sesi sadece gecenin bu saatinde bu kadar yüksek oluyor. Bu çok korkutucu. Kıpırdayamıyorum.

"Anne!"

"Mafalda, ne oldu?"

"Baba. Burada ne işin var?"

Doğrulup sırılsıklam olan çarşafların üzerinde oturdum (Kâbuslar insanı ne kadar da terletiyor!). Karanlığa baktım. Karanlık kapıyı, babamın karanlık gölgesini gördüm.

"Uyurken bağırdığını duyup koştum. Kâbus mu görüyordun?"

"Evet. Uyuyana kadar yanımda kalabilir misin?"

Yanıma gelip yatağın kenarına oturdu. Birbirimize sarılıp sallandık. Üzerimi örttü.

"Yatağa gir. Hava soğuk. Üzerini iyice örteyim. A, Mafalda..."

"Ne oldu?"

Klik. Yatağımın yanındaki komodinin üzerinde duran lambayı açtı.

"Bu sefer annen gelse daha iyi olacak sanırım. Sen burada bekle, ben gidip anneni çağırayım."

"Anne..."

İşte geldi. Naneli buzlu dondurma ve menekşe kokusu.

"Anne başım ağrıyor. Partide fazla kola içtiğim için oldu galiba."

"Nedeni kola değil, tatlım. Terliklerini giy. Seni banyoya götüreyim."

"Neden?"

Yatağın kenarında oturup ben küçükken yaptığı gibi yastığın üzerindeki saçlarımı okşadı.

"Geçen yıl doktora gitmiştik, hatırlıyor musun?"

"Kızamık olduğumda mı?"

"Hayır bir tanem. Sınıftaki diğer kızlarla beraber doktorun büyük muayenehanesine gitmiştik. Doktor regl döneminden bahsetmişti hani, hatırladın mı?"

Olamaz. Of, olamaz.

"Regl olmaya başladın Mafalda. Ama endişelenecek bir şey yok. Bu kötü bir şey değil. Hadi banyoya gidelim."

"İstemiyorum anne!"

Ağlamak üzereyim. Doktorun söylediklerinin arasında hatırladığım tek şey kan ve korkuyorum.

Annem hafifçe güldü. "Tatlım, hiç kimse istemiyor ama bu bir şeyi değiştirmez. Ayrıca bu her şeyin yolunda olduğunu gösteriyor. Zamanla alışacaksın."

Örtülerin arasından çıktım. Başımı annemin omzuna koydum. "Ne kadar sürecek? Yirmi sekiz gün diye hatırlıyorum. O kadar uzun süre kan kaybetmek istemiyorum. Hiç kanım kalmayacak."

"Hayır Mafalda. Kanama sadece üç dört gün sürüyor. Ayın geri kalanında vücudun yumurta üretip onları bırakmaya devam edecek."

"Yumurta anne olmakla ilgili bir şey mi?"

Annem yüzümü ellerinin arasına aldı. "Evet, yumurtaya bunun için ihtiyacın var. Bundan böyle her ay bu dönemde istediğin kadar dondurma yiyebilirsin. Bundan sonra her ay bunu yapacağız Mafalda. Söz veriyorum. Biliyor musun, aynı ailedeki kadınlar ayın aynı döneminde regl olurlar. Bu dönemleri birbirine uyum sağlar."

“Gerçekten mi? Seninki ne zaman?”

“Yarından sonraki gün.”

“Peki bunu nereden biliyorsun?”

Annem, gecenin –artık dondurma, anne, uyum gibi güzel kelimelerle dolan– karanlığında gülümsedi. “Hadi önce banyoya sonra da mutfağa gidelim. Sana anlatacağım çok şey var.”

“Anne, sen olmadan bunu nasıl atlatırdım? Bütün bunları bana başka kim anlatabilirdi ki?”

“Baban. O da bu konuda her şeyi biliyor! Unutma, o bu evde iki kızla yaşıyor. Üstelik bir kız kardeşi ve birçok kız arkadaşı var.”

“Anne...”

“Ne var tatlım?”

“Artık regl olduğuma göre anne olmak zorunda mıyım?”

“Canım, anne olmanın bu konuyla hiç ilgisi yok.”

“Ben sanmıştım ki...”

“Bir gün anlayacaksın. Hadi gidip bir ped alalım. Sonra da bir kâse dondurma. Ama ben çikolatalı kurabiye yiyeceğim.”

“Tamam, kurabiyeler senin olsun.”

***

Pazartesi sabahı geldi. Okula gitmeyi hiç istemiyorum. Filippo bana 7.15’te sesli mesaj gönderdi. “*Ateşim var. Beni bekleme. Sonra konuşuruz.*”

Of, olamaz. Neyse, Ottimo beni götürür. Daha doğrusu ben onu götürürüm. Onun keyfi yerinde. Sonuçta sınava girmesi gerekmiyor ve uğraşmak zorunda olduğu tuhaf arkadaşları yok. Ottimo öyle kelebeklerin peşinden koşan bir kedi değildir. Belki burnundaki bir kelebeği inceler ya da kelebeğin sırtına konmasına izin verir.

Dün partiden sonra yorgun olmama ve... Diğer her şeye rağmen Bay Rossi'nin evine gittim.

Partiden gelen sesleri duymadığını söyledi. Sonra fikrini değiştirip bütün gece devam eden ve kulaklarını çınlatan büyük bir patırtı hariç hiçbir şey duymadığını söyledi. Bay Rossi abartmayı ne kadar da seviyor! Arkadaşlarım saat on birde evden ayrılmıştı. En son Debbie gitmişti. Yani ev aslında gece boyunca sessizdi.

"Oyuncu olduğum dönemlerde arkadaşlarımla çok güzel vakit geçirirdik. İşimiz gece yarısı biterdi. Diğer oyuncularla birlikte şehrin altını üstüne getirirdik."

"Hangi şehri?" Kibar olmaya çalışıyorum ama aynı zamanda tozlardan kurtulmak istiyorum. Karanlıkta toz almak hiç kolay olmuyor. Üstelik işimi iyi yapıp yapmadığımı bile bilmiyorum. Bay Rossi'nin hikâyelerini dinlemek daha çok ilgimi çekiyor. Yaşlıların hepsi aynı. Hep başkalarından şikâyet ediyorlar ama sonra gençken aynı şeyleri hatta daha kötülerini yaptıkları anlaşılıyor.

"Roma, Napoli, Siraküza, ah Siraküza! Bir de Milano'daki Scala Tiyatrosu... *Madam Butterfly* için Japonya'ya gittiğimizi söylemiş miydim? Eşimle de orada tanışmıştım."

"Eşiniz Japon muydu?"

"Hayır Veronalıydı. Japon olduğunu da nereden çıkardın?"

A, az önce söylediklerini unuttu galiba. Bazen kafası karışıyor. Yine de Bay Rossi'nin hikâyelerini seviyorum.

Dün bana Pip'in hikâyesini bütün ayrıntılarıyla anlattı. Diğer kitaba başlamak istedi ama annem o sırada beni yemeğe çağırdı.

***

"Harika bir partiydi."

Iy. Debbie ve onun jelibon kokulu nefesi. Hem de pazartesi sabahı.

"Bugün yerlerimizi değiştirme günü," diye hatırlattım.

İlk kez hiç cevap vermedi.

***

Salı günü. Filippo hâlâ hasta. Yeni bir kalem kutusu almak için annemle kasabaya indik. Kalem kutumun fermuarı bozuldu ve annem fermuarı onaramadı.

Annem kuru temizleyiciye de uğradı. Hep aynı şeyi yapıyor: Bir yer görüyor ve oraya girmesi gerektiğini hatırlıyor. Bana "Sen burada bekle," dedikten sonra içeri girdi.

Ben de biraz etrafta dolanmaya başladım. Ütü spreyinin kokusunu sevmiyorum.

Yerdeki taşa bir tekme attım. Yuvarlanırken takip ettiğim bu taşa yeniden tekme ata ata kaldırımda ilerledim. Sonra bacağımın bir şeye değdiğini hissettim. Küçük bir tezgâh... Müzikli kadının tezgâhı! Onun sütlü kahveyi andıran sesini duydum.

"Merhaba. Mafalda'ydı değil mi?"

"Evet."

Islak bir burun elime dokundu. Ernesto. Köpeğin başını okşadım. Hapşırdı. Salyaları ayakkabılarımın her yerine bulaşmıştır kesin. Ottimo'nun tüylerinin kokusu üzerime sinmiş olmalı. Bu yüzden hapşırdı herhâlde.

"Düş kapanını astın mı?"

A, hayır. Unuttum. Zaten ben asamam ki. Babamın bana yardım etmesini umuyordum. Bu tarz şeylerde, yani çivi ve çekiç kullanmak konusunda iyidir. Ama...

"Nereye asacağıma karar veremedim," diye yalan söyledim.

"Sorun değil. Başka bir şey mi arıyorsun?"

"Yo, hayır... Sadece dolaşıyordum. Bizim bahçedeki kulübede uyuyup uyumadığını merak ediyorum."

"Evet. Birkaç gece önce orada kaldım. Dışarısı çok soğuktu."

"Daha önce bir evin var mıydı Elsa?"

İnsanlara özel sorular sormanın kabalık olduğunu biliyorum ama merak ediyorum.

"Tabii ki! Annemle babam hâlâ hayatta. Bankada çalışıyorlar."

"O zaman sen fakir değilsin!"

Elsa iki parmağıyla burnumu sıktı. Sesinden gülümsediği anlaşılıyor. "Fakirim ama senin sandığın gibi değil. Böyle yaşamayı ben tercih ediyorum."

"Peki ama... Neden?"

Kıkırdadı. "Öyle işte. Bir gün sana bankalardan nefret eden asi bir kızın, bu kızın erkek arkadaşı olmaktan sıkılmış bir adamın hikâyesini anlatırım."

Ernesto bir kez daha hapşırdı.

"Ne oldu tatlım? Üşüttün mü yoksa? Bugün yine şu kulübe oteline gideceğiz galiba," dedi. Elsa'nın uzun boylu olduğunu, titreyerek bana bakıp göz kırptığını neredeyse görebiliyorum.

"Hadi gidelim, Mafalda!"

Annemin arabasına doğru koştum. Arabayı nereye park ettiğini hayal meyal hatırlıyorum. Arabaya binmek üzereyken annem birden "Şuradaki Filippo değil mi?" dedi.

Kim? Nerede?

"Sokağın karşısında ona çok benzeyen bir çocuk var," dedi annem. "Üzerinde büyük, mor bir ceket var. Kız bisikletine biniyor. O olduğuna yemin edebilirim. Onu nerede görsem tanırım. Buraya bakarsa el sallayacağım."

"Anne ona seslen! İyileşmiş olmalı."

"Hayır, olmaz," dedi annem sesini alçaltarak. "Seslenmeyelim. Yanında bir kız var."

Arabaya bindik.

Eve dönerken arabada değil de beni sorularla dolu karanlık bir tünelden geçirerek maceralara götüren uçan bir halıda oturuyormuşum gibi hissettim. Filippo'nun yanındaki kız kim? Debbie mi? Filippo neden hasta olduğunu söyledi? Yanındaki kız sadece arkadaşı olsaydı arayıp beni de çağırırdı. Bu kız, arkadaşı değilse kim? Ben bunu neden umursuyorum peki? Filippo kendine benden daha iyi, yeni bir arkadaş mı buldu yoksa? İyi de neden? Neden? Niye? Neden?

***

Akşam yemeğinde annem çekmeceden kaşık almak için arkasına dönünce tostumu kazağımın altına sakladım. Annem hemen şüphelendi tabii. "Bu kadar çabuk mu bitirdin? Çok hızlı yeme Mafalda! Boğazına dizilecek."

İçimden gülmek geldi çünkü Pip'in başına da aynı şey gelmişti. Ama onun karşısında annesi değil, kız kardeşinin eşi vardı ve sakladığı şey ekmek ve reçeldi. Pip, öğretmenimin bize okumamız için verdiği ilk kitabın başkahramanı. Hikâyede Pip, hapishaneden kaçan Magwitch adlı bir mahkûma yemek götürmek istiyor.

"Çöpü çıkarmamı ister misin?"

"Zaten bize çok yardım ediyorsun. Belli ki Bay Rossi'yle çalışmak sana iyi geliyor. Yoksa çıkmak istemenin başka bir nedeni mi var?"

Annem daha fazla şüphelenmeden masadan kalktım. İnsanın annesinden bir şeyler gizlemesi çok kolay olmuyor. Gizlice dışarı çıkıp çöpleri kenara bıraktım ve bahçenin diğer tarafına ilerledim. Gece olmuş. Ayağım bir ağacın köküne takıldı. Orada olduğunu nereden hatırlayabilirdim ki?

"Elsa?"

Kulübe hâlâ boş. İçeri girip ceketimin fermuarını açtım ve akşam yemeğinden aldığım tostla bir paket bisküviyi çıkardım. Yiyecekleri onun için kulübeye bıraktım. Elsa onları bulabilir umarım.

Klik.

Ben Mafalda, yorganın altından sesleniyorum.

Bugün 18 Şubat. Okulun tatil olmasına ve sabah kalkmak için herhangi bir neden bulmaya daha çok var. Aslında yorganın altında gizlenmemek için de aynı şey geçerli.

Sabah için kısa bir hatırlatma: Elsa için bahçedeki kulübeye sıcak tutacak bir battaniye götür. Babaannemin ördüğü battaniye olabilir. Bıraktığım yiyecekler ertesi gün ortadan kaybolduğuna göre Elsa geceyi kulübede geçirmeye karar vermiş olmalı.

Kiraz ağacı da bu günlerde kış uykusuna yatmış gibi görünüyor. Kokusunu almak için yüzlerce adım atmak zorunda kaldığımda bile onun bu kadar uzakta olduğunu hissetmemiştim.

7

Berbat Bir Yaş

"Ne oldu küçük hanım? Aklında bir şey mi var?"

"Hiçbir şey olmadı Bay Rossi."

Ona böyle hitap etmemden nefret ediyor ama bu bana eğlenceli geliyor.

"Bırak artık şu bey, bay laflarını. Bana Nino diyebilirsin."

Çelimsiz, yaşlı bedenini koltuğa bırakırken çıkan hafif puf sesinden yerine oturduğunu anladım. O otururken ben de yere su damlatmadan avokadoyu sulamaya çalışıyorum.

"Endişeli görünüyorsun."

"Kendimi biraz tuhaf hissediyorum sadece."

"Bu normal. Kaç yaşındasın? On iki mi?"

"On üç."

"Ooo, berbat bir yaş. Ben de seksen altı yaşımda olmama rağmen hâlâ tuhaf hissediyorum. Ama yaşım ilerledikçe böyle hissetmeye alıştım."

"Peki bunu nasıl başardın Nino?" Bu defa ona adıyla hitap etmeyi unutmadım çünkü kişisel bir şeyden, yani kendimizi farklı hissetmekten bahsediyoruz.

"Dişimi sıkmayı öğrendim. Tabii o zamanlar kendi dişlerim vardı. Artık takma dişlerimi sıkıyorum."

Güldüğümü belli etmemek için çiçeklere döndüm.

"İlkokul arkadaşlarımın hepsi, ortaokuldaki arkadaşlarımın çoğu büyüyüp hayatlarını kurdu. Hepsinin aileleri ve kalıcı işleri oldu. Ama ben onlar gibi değildim. Çalışmak, oyunculuk yapmak ve seyahat etmek istedim! Bu kararım babam için büyük bir hayal kırıklığı oldu çünkü babam, aile işinin başına geçmemi, parlak bir kariyere sahip olmamı ve ona torunlar vermemi istiyordu."

"Sonunda ne oldu?"

"Bir torunu oldu ama babamla sonra görüşmemeye başladık."

"Bu çok üzücü değil mi?"

Bay Rossi oflayarak koltuğundan kalktı. Sulama kabını elimden aldı. "Evi su basacak. Bak şimdi, böyle yapman gerekiyor. Babamı bir daha görmemek beni özgürleştirdi."

Sessizlik oldu. Yaprakların hışırtısını duydum.

"Bir yandan da hayatımda hissettiğim en büyük acıydı bu. Bana *Martı Jonathan Livingston*'ı getirir misin? Onu okumaya başlayalım."

Klik.

Hatırlatıcı not: Ya herkes gibi ol ya da gerçekten özel biri ol.

***

Şubatın sonundayız.

Birkaç gün güneş açtıktan sonra yeniden yağmur yağmaya başladı. Yağmuru seviyorum çünkü yağmur bir yerlere hapsolmuş bütün kokuları alıp götürüyor! Eskiden babamla mevsimlere özgü kokularla ilgili bir oyun oynardık. Mahalledeki bahçelerde açan çiçekler ona gençliğini hatırlatıyordu. Ben de anlattığı hikâyeleri dinlemeyi seviyordum.

Babam doğum günü partimden sonra bir süreliğine eski hâline geri döndü. Hatta bir iş görüşmesine bile gitti ama işi başkasına verdiler. Nedenini bilmiyoruz. O günden beri karanlık odasında hiçbir şey yapmadan oturuyor.

Bence hayal kırıklığı endişeden çok daha kötü bir duygu. Hayal kırıklığına uğramak eğlence parkındaki bir oyuncağa binmek için boşu boşuna sıraya girmeye benziyor. Herkes sana oyuncağın harika olduğunu söyleyip durduğu için sıraya girip iki saat bekliyorsun. Sıran geldiğinde her şeyin daha sen ne olduğunu anlamadan hemen olup bittiğini fark ediyorsun ve "Ne yani, hepsi bu kadar mıydı?" diyorsun.

Bu iş görüşmesi için ne kadar da umutlanmıştım.

Yağmur harika ama onunla birlikte hava da soğudu. Elsa'yı ve Ernesto'yu düşünmeden edemiyorum.

Babaannemin yamalı battaniyesini alıp dışarı çıktım. Ağaçların yapraklarından sular dökülüyor ama şansımı deneyeceğim. "Ottimo, gel benimle!"

Bahçedeki çamurda yürüdüm. Ottimo Turcaret ıslanmamaya çalışırken neredeyse beni yere düşürecekti. Bazen çok bencil bir kedi olabiliyor!

Kulübe rutubetli. Tırmıklardan biri eksilmiş. Genellikle kapıya dayanıp kapıyı kapalı tuttuğu için tırmığın yokluğunu hemen fark ettim. Neyse, önemi yok. Buraya battaniyeyi Elsa'ya bırakmak için geldim zaten. Birkaç adım atıp kulübede ilerledim.

Geçen gün sandviçi ve kurabiyeyi bıraktığım yerde bir şey buldum. Daha doğrusu kedim bulup onunla oynamaya başladı. Bu ne? Buruşturulup atılmış bir kâğıt mı? "Buraya getir onu pofuduk."

Dörde katlanmış bir parça kâğıt parçası.

Çok heyecan verici! Elsa bana mektup mu yazmış? Birini bulup bu mektubu okutmam lazım. Hemen binaya girip Bay Rossi'nin dairesine gittim.

"Uyuyordum."

"Nino, zaten hep uyuyorsun. Hadi gözlüğünü al da bu kâğıtta ne yazdığını oku bana!"

Nino'nun koltuğunun önündeki halıya oturdum.

"Bakalım ne yazıyormuş. *Sevgili Mafalda...*"

Evet! Bu bir mektup. Biliyordum!

Bana yiyecek bir şeyler bıraktığın için teşekkürler. Ernesto sandviçi çok sevdi. Et yemediğim için salamı da ona verdim. Senin için sorun değildir umarım. Geriye kalanlar çok lezzetliydi.

Son konuşmamızı düşündüm. Merak ettiğin şeyler olabilir. Her şeyin senin bakış açına göre değişebileceğini söylemek isterim. Deli olduğumu düşünebilirsin. Zaten birçok kişi öyle düşünüyor. Bir zamanlar bir ailem ve bir işim vardı. Hepsini bir kenara attım.

Aslında hayat sürprizlerle dolu. Bu sürprizlerden bazıları iyi bazıları kötü. Bazıları öyle kötü ki insanı altüst ediyor. Bazı insanlar çok güçlü olduğu için böyle durumlarda "Tamam, sorun değil," diyebiliyor. Bazıları ise yıkılıyor. Örneğin erkek arkadaşım beni terk etmemiş olsa bugün sokaklarda bileklik satan "tuhaf hippi kadın" olamazdım. Onu çok seviyordum. Evlenecektik.

Belki sorun onda değildi. Belki bir noktada yine hippi kadın olacaktım. İçimdeki bir şey kırık sanki. Artık tek başımayım. Kendi başımın çaresine bakıyorum ve zaman zaman senin gibi nazik insanlar bana yardım ediyor. Sakın unutma Mafalda, hayatın boyunca kendi başının çaresine sadece sen bakabilirsin.

Bir şey daha var Mafalda. Başka insanların senin hakkındaki fikirlerini değiştirmesini bekleyemezsin. Mutlu olmak için kendi hakkındaki düşüncelerini değiştirmelisin. Bunu açıklamak pek kolay değil. Belki bir gün bu konuyu yeniden konuşuruz. E.

İçimi çektim. Ne güzel bir mektup. Bu kâğıtta yazılanları düşünmem gerekiyor. Bozulan nişanı için üzülsem de Elsa'nın mektup yazması beni çok mutlu etti. İnanamıyorum! Tıpkı Bayan Havisham gibi. Elsa'nın üzerinde gelinliğiyle, örümcek ağlarıyla kaplı düğün pastasıyla üzgün hâlde bir odaya kapandığını hayal ettim. Hayır! Elsa bu hâliyle, dışarıda özgürce yaşarken çok daha iyi. Biraz hüzünlü olsa da özgür.

" 'E' de kim?" diye bağırdı Nino.

"Bir müzisyen arkadaşım."

"Vay canına! Ne güzel. Beni tanıştırır mısın?"

Güldüm. "Bay Rossi, Elsa sizden en az elli yaş küçüktür!"

"Ne olmuş yani?" diye atıldı. "Aşk, insanın karşısına çok farklı şekillerde çıkabilir. Hem de senin tahmin ettiğinden çok farklı şekillerde."

Gözümün önüne birden Filippo'nun yüzü gelince içime bir hüzün çöktü. Uzun süredir onunla konuşmuyorum. Okulda birkaç kişinin ağzını yokladım ama hiç kimse Debbie'yle çıkıp çıkmadıklarını söyleyemedi. Sorabileceğim başka biri daha var ama galiba bunu yapmaya cesaretim yok.

"Evet, küçük hanım, devam edelim mi artık? Eczaneden kalp ilaçlarımı alır mısın? Bir dakika, sana reçeteyi ve parayı vereyim. Dönünce *Martı Jonathan Livingston*'ı bitiririz."

"*Dünyadaki en zor şey, bir kuşu özgür olduğuna inandırmaktır!*"

Eczaneye giderken kararımı verdim. Filippo konusunda emin olmam gerekiyor. Bu yüzden bana bu konuda yardım edecek kişinin yanına gitmeliyim.

Nino dedenin reçetesindeki ilaçların parasını ödedim (Dede mi? Tamam, galiba ona dede diyebilirim). Sonra aklımdaki eve doğru yola koyuldum. Karanlıkta da olsa yolu hatırlayabileceğime inanıyorum çünkü küçükken ve gözlerim görürken oraya yüzlerce kez yürümüştüm.

Büyük okula gitmeye başladığımdan beri Chiara'yla pek konuşmadım. Sadece arada bir selamlaşıp iki çift laf ediyoruz. Chiara'nın Debbie, Daniela ve sınıftaki diğer kızlarla birlikte spora gittiğini biliyorum. Bazen birlikte pizzacıya gidiyorlar. Chiara teneffüslerde Debbie'yle takılıyor. Debbie ve Filippo hakkında bir şeyler biliyor olmalı.

Her şey çok karışık. Chiara'nın evine en son gittiğimde gözlerim hâlâ görüyordu. Arkadaşlığımızın bir gün biteceği hiç aklıma gelmemişti. Ama gözlerimi kaybedeceğim de hiç aklıma gelmezdi. Hayat gerçekten de sürprizlerle dolu bir kutuya benziyor. Bazen kötü sürprizler de çıkabiliyor tabii. Ama bu kutuyu açacağım zamanlarda her zaman güzel bir sürprizle karşılaşacağımı umuyorum. Er ya da geç.

Elim tırabzanlara değdi. Tam cesaretimi toplayıp karşı yola geçeceğim sırada önümde bir yerlerde bir arabanın kapısının çarparak kapandığını duydum.

"Mafalda, burada ne yapıyorsun?"

"Merhaba, Chiara."

"Merhaba Mafalda! Seni görmek ne güzel canım. İçeri girip çay içmek ister misin? Annen burada tek başına olduğunu biliyor mu?"

Chiara'nın annesi beni sorguya çekmeye başladı.

"Evet, biliyor ama gelemem. Yine de davetiniz için teşekkürler."

"Tamam. Ben marketten aldığım poşetleri içeri götüreyim."

"Ben de hemen geliyorum," dedi Chiara annesine.

Yanıma geldi. Eskiden onunla konuşmam gerektiğini hemen anlardı. Şimdi de anladı.

"Ne oldu?"

"Sana bir şey sormam lazım."

"Tamam, sor bakalım."

Derin bir nefes aldım. "Debbie'nin Filippo'yla çıktığı doğru mu?"

"Nasıl yani? Senin haberin yok mu? Siz ikiniz çok iyi arkadaştınız hani?"

Yanaklarım kızardı. Ne söyleyeceğimi bilemedim.

Chiara içini çekti. Saçları düz mü, toplu mu? Kâkülü var mı acaba?

"Tamam, sana söyleyeceğim ama bu aslında büyük bir sır. Debbie sana söylediğimi öğrenirse beni öldürür. Aslında sevgili değiller. Buluşuyorlar. İki kez dışarı çıktılar. Hepsi bu."

"Merak etme. Bir şey söylemem. Başka ne biliyorsun?"

"Şey... Aslında sana bunu söylememem gerekiyor. Kimseye söylemeyeceğine söz vermelisin."

"Söz veriyorum."

"Debbie'nin söylediğine göre, Filippo onunla senin kendisinden hoşlanmadığını düşündüğü için çıkıyormuş ve..."

"Ondan hoşlanmadığımı mı düşünüyormuş?"

"Evet. Debbie de fırsatı değerlendirdi. Herkese onunla sevgili olduklarını söylüyor ama sadece yaşı biraz daha büyük olduğu için ondan hoşlanıyor. Bir de... Mafalda..."

"Ne?"

"Gözlerini iyileştirecekleri doğru mu?"

"Bunu sana Debbie mi söyledi?"

"Evet, Filippo'ya da söyledi. Filippo bunu senden duymadığı için çok üzüldü."

"Chiara, Maria telefonda!"

"Geliyorum! Şimdi gitmem gerekiyor. Okulda görüşürüz."

Chiara'ya el salladıktan sonra arkamı dönüp uzaklaşmaya başladım.

İşler iyice karışmış. Demek Filippo bu yüzden benimle görüşmek istemiyor. Gözlerimin tedavi edileceğini ondan gizlediğimi düşünüyor. Oysa bu doğru bile değil!

Benden hoşlanıyor. Bana otuzumuzda evlenmeyi teklif ettiğinde tereddüt etmeden hemen evet demeliydim. Debbie her şeyi mahvetti. Artık çok geç.

Yavaş yavaş koşarken hızlanmaya başladım. Mafalda, sen tam bir aptalsın!

***

"Baba, uyanık mısın?"

Onu rahatsız etmekten korkarak parmak uçlarımda yatak odasına girdim.

Babam uyanıkmış. Biraz kıpırdanıp bana ne istediğimi sordu. Panjurlar her zaman kapalı ama galiba pencereden dışarıya bakıyor. Yatağa gelip yanına oturdum.

"Baba..."

"Ne oldu?"

Aklıma ona söyleyecek özel bir şey gelmiyor. Onu neşelendirecek hiçbir şey düşünemiyorum. Ona Filippo'dan bahsetmek istiyorum. Babam da bir erkek olduğuna göre erkeklerin nasıl düşündüğünü bilebilir ve bana bu konuda tavsiye verebilir. Elimi çarşafın üzerinde gezdirirken parmaklarım babamın dizinin üzerindeki kutuya değdi.

"Bu ne?"

"Plaklarım."

"Bizi hoplatıp zıplatacak müzikler mi? Dans edelim mi? Hadi bana nasıl dans edeceğimi öğret!"

Yataktan indim. Babamı yataktan çıkarmak için her şeyi yaparım. Şu anda bana baktığına yemin edebilirim.

"Karanlıkta dans etmek, aydınlıkta dans etmek gibi. Sana bunu öğretmeme gerek yok."

"Hadi baba! Kalk. Hiç değilse bir plağı dinleyelim!"

"Mafalda, ben..."

Babamın sesinde birden ciddi, gergin bir ton seziyorum. Hiçbir şey söylemeden öylece durdum.

"Birçok konuda iyi olduğumu sanıyorsun..."

"Öylesin! Harika bir aşçısın. Çok lezzetli krepler yapıyorsun."

"Birkaç kez şansım yaver gitti sadece."

"Bisikletleri tamir ediyorsun. Bunu yapabilen başka kimseyi tanımıyorum."

"Hepsi sadece şans. Doğru zamanda doğru şeyi yapmakla ilgili. Mafalda, ben..."

"Peki yarışa katıldığın gün çekildiğin fotoğraf? Ona ne diyeceksin?"

"Hangi yarış?"

"Lisede katıldığın koşu yarışı. Koridorda bir fotoğraf var. Birinci olmuşsun. Bu şans olamaz. Birkaç yıl önce kazandığın madalyayı da gördüm."

"Sadece şanstı. Benden daha hızlı olan koşucu o gün hasta olmuştu Mafalda. İşten kovulmamın nedeni de ben olmalıyım. Bunun başka bir açıklaması yok. Belli ki işleri bensiz de yürütebiliyorlar. Bir işte çok önemli olduğunda insanlar senden vazgeçmezler. Belli ki bende bir eksiklik..."

Yanına gidip göğsünü yumrukladım. "Böyle söyleme! Söyleme!"

"Mafalda, üzgünüm."

Buna dayanamıyorum. Kalbimden bir buz dağı yükseliyor sanki. Göğsüne vurmaya devam ettim ama babam bana sarılmadı. Bunu denemedi bile. Ben de koşarak odadan çıktım. Yolda önüme çıkan her şeye çarparak ilerledim ve kendimi odama kapadım. Filmlerdeki kızların yaptığı gibi yatağa yatıp ağlamaya başladım. Ama bir filmde değiliz, gerçek hayattayız. Ottimo'nun kapımı tırmalaması bile bu defa beni bu durumdan kurtaramaz.

Yüzümü yastığa bastırarak el yordamıyla ses kayıt cihazını buldum.

Klik.

Kiraz ağacı, sana söylüyorum. Bir daha babamın odasına asla ayak basmayacağım. En azından bir ay boyunca. Onunla konuş. Yastığına birkaç kahverengi, sarı yaprak gönder. Babam yaprakları sever. Gövdende uyuyan babaannemi uyandırıp ona oğlunun yardıma ihtiyacı olduğunu söyle. İkinizin de onunla konuşması gerekiyor. Onu böyle görmeye dayanamıyorum. Bugün benden özür dileyip üzgün olduğunu söyleyince içimde bir şey öldü. Konuş onunla lütfen. İstediğim tek şey, uyuyup rüyamda dünyanın en güzel işini bulduğumu görmek. Asla kovulmayacağın bir iş. Gözlerin görmese de, mutlu olmak için bir dedeyle takılacak kadar çaresiz olsan da seni kovamayacakları bir iş...

***

"Hap-şu!"

Bu, Ernesto'nun her zamanki yüksek sesli hapşırıklarına benzemese de gürültülü bir hapşırıktı. Onları burada, yani ilk kez buluştuğumuz bu meydandaki kilisenin yanında bulmayı umuyordum. Tezgâhın olduğu yere ilerledim.

"Merhaba Mafalda! Nasılsın?"

"Merhaba Elsa! İyiyim. Sen nasılsın? Üşüttün mü?"

"Hayır. Senin kulakların biraz fazla iyi duyuyor sadece. Burnuma toz kaçmış. Bir şeyler mi almak istiyorsun?"

"Evet, bugün annemden biraz fazla harçlık aldım."

"Neden?"

"Çünkü sınavdan iyi not aldım. Önceki bilekliğime benzer başka bir bileklik daha alabilir miyim?"

Elsa tezgâhı yoklayıp bir şeyler aradıktan sonra bana elimdeki parayla satın alabileceğim bir şey verdi.

"Hap-şu!"

"Bir dakika bekle. Bu peçeteyi alabilirsin."

Ona bir paket peçete uzatırken ikimizin ortasında kalan tezgâha bir şey düştü.

"Bu ne?"

Hışırtıların ardından açılan bir kâğıdın sesini duydum. Hayallerimi yazdığım kâğıt! Gelecekteki hayallerimi yazmıştım. Tamamen unutmuşum. Onu peçeteyle birlikte Elsa'ya uzatmış olmalıyım.

"Birinci hayal, Filippo'yla sonsuza dek arkadaş olmak... Uçakla çok uzak yerlere gitmek... Üç..."

Daha fazlasını okumadan Elsa'nın elinin olduğunu düşündüğüm yere uzandım. "Dur! Hayallerimin yüksek sesle okunduğunu duymak beni utandırıyor."

"Neden? Bir insanın hayalleri her zaman yüksek sesle söylenmeli. Sana bir öneride bulunabilir miyim?"

"İyi bir şeyse... Evet."

"Listeni biraz toparlaman lazım. Daha net yazmalısın. Bunlar hiç okunmuyor, tatlım..."

"Elsa, ben göremiyorum!"

"E, ne olmuş? Biraz uğraş. Hepimiz başımızın çaresine bakmalıyız, unuttun mu? Ayrıca listeni önceliklerine göre yazmalısın. Arkadaşlar, ağaçlar gibidir. Onları sulamazsan ölürler."

"Aynı şey değil!"

"Aynı şey. Filippo'yu kiraz ağacını seçtiğin gibi seçmişsin. Şimdi birbirinize ihtiyacınız var. Bir şey daha var. Bir hayalinin gerçekleşmesi için en az on hayalin olması gerekiyor. Gelecekte bunu da aklından çıkarma."

Eve dönerken Elsa'nın söylediklerini düşündüm. Zihnimde bir elmasın, üzerine vuran güneş ışığıyla aydınlanması gibi yankılandı bu cümle. "*Kiraz ağacını seçtiğin gibi...*"

Elsa ağacımı nereden biliyor ki?

8

Neyse ki Onun Gibi İnsanlar Var

Klik.

5 Mart. Bugün yılın en uzun koşu yarışının yapılacağı gün. Elsa için endişeleniyorum. Galiba ateşi var. Ateşinin ölçülmesi gerekiyor ama bunu nasıl yapacağımı bilmiyorum çünkü bizim termometremiz kırık. Onu ben düşürüp kırmıştım ve henüz yeni bir tane almadık.

Filippo olsa "Uygulamayı yükle," derdi. Ya da uygulamayı benim için yüklerdi. Hiçbir işe yaramıyorum. O olmayınca etraf her zamankinden daha karanlık oluyor.

Sabahın erken saatleri. Bütün sınıf koşuya hazırlanıyor.

İnsanların duygularını yüzümde, bileklerimde hissediyorum. Duyguları rüzgâr geçirmeyen ceketimin ve eldivenlerimin içine sızıyor sanki. Yanaklarım soğuk ama bu beni hiç rahatsız etmiyor çünkü karanlıkta herkesin nefesinin sıcaklığını çok daha güçlü hissediyorum. Bu kadar çok insanın sıcak nefesi bir araya gelince etraf sütlü kahve ve diş macunu kokuyor.

Isınma hareketleri yapmaya başladık. On dakika sonra bizim sınıftaki kızlar koşmaya başlayacak. Erkekler de onlardan sonra hareket edecek.

"Unutma, en zor kısım parkurun ilk kısmı. On dakikalık bir yol. Yolun yarısında tepeye çıkan bir patika var. Çok zorlanacak olursan söyle."

Carola başlangıç çizgisiyle benim olduğum yer arasında gidip geliyor. Parkuru inceliyor.

"Sona doğru, yani bitiş çizgisine elli altmış metre kala hızımızı olabildiğince artırırız. Ne dersin?"

Başımı kaldırıp yüzümü ona doğru çevirdim. Bunu yapmak istemediği belli oluyor. Aslında ben de hiç istemiyorum.

"Size özel bir şey söyleyebilir miyim?"

Carola eğildi. Fısıldayarak regl olduğumu ve koşmayı istemediğimi söyledim.

"Emin misin?"

"Eminim. Koşucuların dinlenme alanında sıcak çikolata içmeye gidelim mi?"

***

İlk grup koşmaya başladı.

Kızların soğuk zeminde koşarken duyulan ayak sesleri okulun arkasında gitgide daha da zayıflıyor. Bizden uzaklaşıyorlar. Bir daha bu noktaya gelmeleri zaman alacak. İnsanlar yeniden sohbet edip esnemeye koyulunca başlama çizgisindeki tezahüratlar da azaldı.

Sıcak çikolatamdan yükselen şekerli buharı üfleyip Filippo'yu düşündüm. Bir üst sınıftaki çocuklarla koşmaya hazırlanıyor. Yarış başlamadan önce ona iyi şanslar dilemek için hâlâ fırsatım olabilir.

Ben bunları düşünürken biri omzuma dokunup beni durdurdu.

"Sen Mafalda mısın?"

Bu sesi tanımıyorum. Aslında sesin sahibinin kim olduğunu biliyorum ama onu hiç tanımıyorum. Adı Luigi'ydi galiba. *Panino* adındaki okul gazetesini bu çocuk çıkarıyor. Gazetede neler olacağına karar veriyor, insanlarla röportaj yapıyor, bilgisayarında gazetenin sayfalarını hazırlıyor. Çok yetenekli bir çocuk. D1 sınıfında. İngilizce öğretmenimiz, makale yazmak ya da ilan vermek için kiminle konuşacağımızı öğrenelim diye onu bizimle tanıştırmıştı.

"Evet, ben Mafalda'yım."

"Baksana, ben birazdan koşuya katılacağım. Senin kendi grubunla koşuya başlamadığını fark ettim..."

"Evet, koşmadım."

"Çok şanslıyım. Yarışı ilk üçte bitirecek koşucuların ismini yazacak ve okul gazetesi için yarışmacılardan sıcağı sıcağına birkaç yorum alacak birine ihtiyacım var."

"Yorum mu?"

"Yani bitiş çizgisine ulaşan kişilerin yorumları. 'Çok yoruldum!' ya da 'Çok mutluyum!' gibi televizyonda da duyabileceğin türde kısa yorumlar işte."

Ne güzel. Yani bir spor muhabiri gibi olacağım. Tamam ama doğru koşucuyu nasıl bulacağım ki?

"Tahmin ettiğim şeyi düşünüyorsan endişelenme. Ben sana yardım ederim."

"Teşekkürler Carola!"

Carola bana gerçekten çok nazik davranıyor.

"Tamam Luigi. İstersen yorumları kayda alabilirim de."

Her zaman cebimde taşıdığım ses kayıt cihazımı gösterdim.

"Harika! Okulun sitesine yükleriz. Birkaç güzel fotoğraf da çekebilir misiniz acaba?"

Carola'ya bir fotoğraf makinesi verdi galiba. Ya da kendi telefonunu.

"Tamam. Koşuya hazırlansam iyi olur. Teşekkürler!"

"Luigi!"

"Efendim?"

"Yarıştan önce bir şeyler söylemek ister misin?"

"Harika! İşte bu!"

***

Evdeyim!

Annem bugün teyzeme uğrayıp ondan ortasında kayısı olan bir rulo köfte aldı. Çok lezzetli!

"Dişçiyi aradım. Bana bu yıl diş teline ihtiyacın olmadığını söyledi."

Sonunda iyi bir haber.

"Bay Rossi'nin bugün yardımına ihtiyacı varmış. Ne demek istediğini pek anlamadım ama mektup yazmaktan bahsetti. Bugünkü yarış nasıldı?"

"Her zamanki kişiler kazandı. Pietro, Jessica..."

"9B'den mi?"

"Evet."

"Filippo? O ne yaptı?"

Annemin gülümsediğini hissediyorum.

"Okul gazetesine onunla ilgili bir makale yazıyorum. '*Her yıl yapılan kros yarışını protesto eden bir öğrenci koşuya katılmayı reddetti.*' "

"Neyi protesto ediyor peki?" dedi annem gülerek.

"Okul sistemini. Öğretmenlerin hepimizi aynı şeyi yapmaya, aynı şekilde davranmaya, önceden belirlenmiş bir yarışa katılmaya zorlamalarını... Böyle söyledi. Daha doğrusu bağırdı. Sesi sahanın diğer tarafından bile duyuluyordu."

"Ama bu bir yarış. Yarışların önceden planlanması gerekir!"

"Gel de Filippo'ya anlat. Carola, olay anında bana her şeyi anlattı. Sadece yarışa katılmayı reddetmekle kalmamış, sınıfındaki iki üç kişiyi de ikna etmiş. Tabii ki en tembel öğrencileri. Bay Muli ve okul müdürü, onu pistten uzaklaştırmaya çalışırken diğer öğretmenler de sınıftaki arkadaşlarını, koşuya başlamazlarsa beden dersinden zayıf not almakla tehdit etmiş.

Filippo bağırarak bu tehditlere kulak asmamalarını ve yarışa katılmamalarını söylüyordu."

"Tam bir asi."

Annem asi derken ne demek istedi bilmiyorum ama kargaşa çıkaran, sadece çok önemsediği bir şey için sorun çıkaran biri demekse, evet Filippo tam bir asi.

"Neyse ki dünyada onun gibi insanlar var, Mafalda. İyi ki varlar."

Artık biliyorum.

Filippo'ya âşığım.

Onu tekrar kazanmanın bir yolunu bulacağım.

***

Ding dong! Ding dong!

Hadi Bay Rossi. Aç artık şu kapıyı!

O terliklerle ne kadar da yavaş yürüyorsun!

"Nino dede!"

Anahtarın dönerken çıkardığı sesi, kilidin ve kapının açılışını duyuyorum.

"Bana ne dedin sen?"

"Nino dede. Bir erkeğin tavsiyesine ihtiyacım var."

İçeri girip kadife koltuğa oturdum. Artık bu evdeki bütün eşyaların yerini biliyorum.

Bay Rossi de yavaşça arkamdan gelip bir sandalye çekti ve yanıma oturdu. Kemiklerinin korku filmlerinde gıcırdayan kapılar gibi gıcırdadığını duyuyorum neredeyse. "Uyuyordum," dedi. Bay Rossi huysuzmuş gibi davranıyor ama aslında öyle biri olmadığını biliyorum. Ona sormam gereken önemli bir şey var.

"Nino dede, gerçekten sevdiğim birini nasıl geri kazanırım?"

"Hmm... Zor bir soru. Ben nereden bileyim? Bu şeyler için çok yaşlıyım ben."

"Aşkın yaşı olmaz diyen sen değil miydin? Hadi, lütfen yardım et bana!"

"Annene sor."

"Annem çok yoğun. Ayrıca ondan utanırım."

"O zaman babana sor."

"O da... Şey... Aslında ona sormaktan da utanırım."

"Bir tek benden mi utanmıyorsun yani? Benim de hiç vaktim yok."

"Bu doğru değil! Ne işin var ki?"

"Takma dişlerimi temizleyeceğim."

"Sonra temizlersin. Ben sana yardım ederim."

Bay Rossi içten bir kahkaha attı. "Takma dişlerimi temizlemeye bile razıysan gerçekten çok çaresiz olmalısın!"

Benimle dalga geçmeyi bırakmasını bekledim. Sonra ona her şeyi anlattım. Söyleyeceklerim bittiğinde oturup birkaç dakika düşündü. Sonra ondan beklenecek en iyi tavsiyeyi verdi. "Klasik romanlarda bir aşk çıkmaza girdiğinde, ki bu hep olur, iki kişiden biri diğerini geri kazanmak için büyük bir jest yapar."

"Büyük bir jest mi? Romantik bir şey gibi mi?"

"Elbette. Bu, diğer kişi için çok önemli bir konuda etkileyici bir şey olmalı. Ama baştan uyarayım, böyle bir şeyin işe yarayacağını garanti edemem."

Dik oturup düşünmeye başladım.

"Nino dede, denemek zorundayım. Denemezsem neler olacağını bilemem."

"Klasiklerde bu tür şeyleri hep erkekler yapar."

"Kadınlar ne yapar peki?"

"Bayılırlar. Ya da ona benzeyen tuhaf şeyler yaparlar."

"Ben bayılamam. Mümkün değil. Şu an Filippo'nun aklını başından alacak bir şey bulamıyorum ama üzerinde düşüneceğim."

Belki de iyi bir kitap bana ilham verebilir.

"Bana bu kitaptan birkaç sayfa okuyabilir misin?"

Bay Rossi'nin en sevdiği kitap koltuğunun yanındaki sehpada duruyor. Bu kitabın en sevdiği kitap olduğunu biliyorum çünkü onu sehpadan hiç kaldırmıyor. İşlemeli deri bir kapağı olan kalın bir kitap bu. Hangi kitap olduğunu merak ediyorum.

"Bu mu? Senin sorunun için ideal bir kitap. Sana okuyabilirim istersen. '*Bütün mutlu aileler birbirine benzer…*' "

"Adı ne bu kitabın?"

"*Anna Karenina*. Bu hikâye bir gün seni büyüleyecek."

"Onu bana anlatır mısın?"

"Önce okuldan sana verilen listedeki kitapları okuyalım. Ölümsüz değilim, biliyorsun. Ben ölmeden işlerimizi bitirelim."

Damarlarımdaki kan dondu.

"Ölmüyorsun, değil mi Nino?"

"Tabii ki ölmüyorum ama belli de olmaz."

Bay Rossi'nin bana el sallayarak parlak bir ışığa doğru yürüdüğünü düşününce gözlerim yaşlarla doldu. Bu düşünceyi aklımdan uzaklaştırdım. Zaten Nino asla hayalimdeki gibi melek görünüşlü biri olamaz. Diğer tarafta bile. Muhtemelen şekerleme yaptığı sırada uyandırıldığı için ya da banyodaki rafta bıraktığı tansiyon ilacını evden almak için huysuzlanır.

Yine de öldüğünde ilacını alması için ona izin vermezler. Öteki dünyadan geri dönemiyorsun. Bunu biliyorum. Oraya giden birçok kişi tanıyorum. Nino dededen zamanı geldiğinde kiraz ağacını ziyaret etmesini, ağacın gövdesinde yaşayan babaanneme ve Estella'ya merhaba demesini istemeliyim.

Bu kadarı yeter. Artık üzücü düşünceleri bir kenara bırakıyorum.

"Peki Nino, bugün bana kitap okumaya ne dersin?"

"Olmaz. Bugün de olmaz yarın da. Hiçbir zaman olmaz yani. Ben yüksek sesle kitap okumayı sevmem."

"Ne? Oyuncu olduğunu sanıyordum!"

"Sesli okumuyordum ki. Rollerimi ezberliyordum."

Bu sözleri beni güldürdü.

"Bunu yapan bir arkadaşım var. Adı Filippo."

"O da mı yüksek sesle okumayı sevmiyor?"

"Hem de hiç. Bazen benimle birlikteyken yüksek sesle okuyor. Belki yavaş okuduğu ve harfleri birbirine karıştırdığı içindir."

"Gerçekten mi? Nasıl yani? Harfleri birbirine mi karıştırıyor?"

"Bazen."

"Belki de işlerden kaçmak için bahaneler uyduruyordur. Zeki biri ama okuldan nefret ediyor, öyle değil mi?"

"Evet! Aynen öyle. Bunu nereden biliyorsun? Onu tanıyor musun yoksa?"

Bay Rossi zayıf dizine vurdu. Bunu çok yapıyor.

"Hayır Mafalda. Onu tanımıyorum. Ama Filippo'nun neden böyle davrandığını biliyorum galiba."

"Gerçekten mi?"

"Evet, gerçekten. En azından bir kere yüksek sesle okuduğunu duymam gerekir ama arkadaşının disleksik olduğundan eminim."

"Disleksik ne demek, Nino?"

"Filippo'nun alfabedeki harfleri tanıyamadığı için kelimeleri okumak konusunda güçlük çektiği anlamına geliyor."

"Ciddi bir hastalık mı?"

"Aslında bu bir hastalık değil. Bu özellik onun doğasında var. Uzağı göremeyen insanların gözlüğe ihtiyacı olmasına benzer bir şekilde, disleksisi olan birinin okumayı öğrenmek için özel bir alıştırmaya ve sınavlar için daha fazla zamana ihtiyacı vardır."

Nino, Filippo'nun durumunu keşfettiği için çok mutlu oldu. Ben de öyleyim. Bir durumun kaynağını anladığınızda geriye bunun çözümünü bulmak kalır. Bu hayattaki binlerce şey için geçerlidir. Benim gözlerim hariç her şey için.

Önemli değil. Bu, Filippo'ya bir jest yapmak için aradığım fırsat olabilir.

"Nino, sence ona nasıl yardım edebilirim?"

"Bu konuyu annesine ya da İngilizce öğretmenine söylemelisin. Şimdiye kadar haberleri olmadıysa tabii."

"Sence bunu fark etmişler midir? Eğer öyleyse neden bir şey yapmadılar ki? Filippo'yu doktora götürebilir, ona bahsettiğin alıştırmaları yaptırabilirlerdi."

"Bazen sorunlar arasındaki bağlantıları göremeyebiliriz. Yakın bir zamana kadar, insanlar disleksisi olanların biraz yavaş, okula gitmeye uygun olmayan, hatta tembel kişiler olduğunu düşünürlerdi."

"Bütün bunları nereden biliyorsun?"

Sesinden Nino'nun gülümsediğini anlıyorum. Biraz acı, hüzünlü bir gülümseme. "Bunu kolayca anlayabiliyorum çünkü ben de disleksiğim."

***

"Filippo'nun disleksik olduğundan emin misin Mafalda?"

Üst sınıfların İngilizce öğretmeni elindeki kurşun kalemi masasının kenarına hafifçe vurdu. Sınıfta yalnızız. Onunla konuşmak için teneffüse kadar bekledim.

"Öğretmenim, siz de fark etmiş olmalısınız."

"Haklısın Mafalda. Aslında fark etmiştim ama dosyasında böyle bir bilgi yok ve ailesi toplantılara pek gelmiyor."

"Ailesinin bazı sorunları var. Ama siz dosyasına bu notu ekleyebilirsiniz! Yani bu ne işe yarar tam olarak bilmiyorum ama belki Filippo'nun sınavlarını daha kolay hazırlarlar..."

"Sen çok iyi bir kızsın Mafalda ama böyle bir not almam yeterli olmayacaktır. Filippo'nun annesiyle babasının onu bir uzmana götürmesi gerekiyor. Elimde disleksi teşhisi ve bu konuda bir rapor olursa yasal olarak Filippo'ya uygun sınavlar ve ödevler hazırlayabilirim."

"Ama öğretmenim, bütün bunlar çok uzun sürer. Aylar geçer ve Filippo bu yıl sınıfta kalır!"

"Aslında kalmasını gerektiren bir şey yok. Sınıfını geçmesi için her dersten altmış alması yeterli. Haziran ayındaki öğretmenler toplantısında bu konuyu dile getireceğim. Bakalım ne olacak..."

Bu hiç iyi olmadı. "*Bakalım ne olacak...*" gibi bir sözü kabul edemem. Artık olmaz. Filippo için neler yapabileceğimizi görmem lazım. Onun durumunun da benim durumumun gibi çözümsüz olup olmadığını öğrenmeliyim. Bu yüzden öğretmene gizli planımı anlatacağım.

"Aslında benim farklı bir planım var. Teklifimi dinler misiniz?"

9

Ruhun Sınırları

Bugün okuldan eve gitmeye çok ama çok korkuyorum.

Sırt çantamın kayışlarını sıkıca tutarak kaldırımda ağır ağır ilerliyorum. Çok ileri gidip Filippo'yu kızdırmaktan korkuyorum. Birine bir güçlüğü olduğunu söylemek hiç kolay değil ama bunu fark etmek onun için işleri kolaylaştıracak. Disleksik olduğunu herkesin öğrenmesine öfkelenirse ne yapacağım peki?

Filippo'ya yardım etmek uğruna onu kaybetmeyi gerçekten göze alabilir miyim? Artık çok geç. Bunu işin başında düşünmeliydim. Tüh. Eve giderken onunla karşılaşmaktan çok korkuyorum.

Öğretmeni bugün ilk kez sınavda hesap makinesi kullanmasına izin verecek. Sınıftaki herhangi biri bunun haksızlık olduğunu söylerse öğretmen onlara Filippo'nun farklı ihtiyaçları olduğunu açıklayacak ve bu konuda ısrar eden olursa onlardan soruları sınav kâğıdını ters çevirerek cevaplamalarını isteyecek.

"Filippo'nun gerekli düzenlemeler olmadan sınava girmesi, kâğıdı ters çevirip sınav olmakla aynı şey," dedi öğretmen konuştuğumuzda. "Tabii ki sınıf arkadaşları ona nazik davranacak ve bu sırrı saklamaya çalışacaklar. Yine de Filippo'nun onlardan farklı olduğunu kabul edip etmeyeceğini bilmiyorum."

Arkamdan gelen bir bisikletin kornasını duyunca dönüp baktım. Gelen Filippo mu yoksa?

Bisiklet hiç yavaşlamadan yanımdan geçip gitti.

Ottimo Turcaret hafifçe miyavlayarak üzerime tırmanmaya çalışınca onu kucağıma alıp eve yürümeye devam ettim.

***

Elsa'nın uzun gölgesi tam karşımda. Bu sefer onu bahçedeki kulübedeyken yakaladım. Ernesto'yla birlikte geceyi kulübede geçirmek üzere hazırlanırken ona aspirin getirdim. İlacı banyodaki dolaptan aldım. Annem normalde bunu yapmama izin vermediği için banyonun kapısını kilitleyip ecza dolabını karıştırdım. İlaçları kokularından tanıyamıyorum. Bu yüzden birkaç kutuyu cebime attım. Boyutlarından hatırladığım kadarıyla doğru ilaçlar olmalı.

Elsa bugün fena öksürüyor. Ernesto da. Elsa öksürmemeye çalışıyor ama bunu başaramıyor. Getirdiğim ilacı verirken elim ateş gibi yanan parmaklarına değdi.

"Bence arkadaşın için yaptığın şey çok güzel, Mafalda. Yani arkadaşının öğretmeniyle yaptığın şey. Elimi sık."

"Neden?"

"Seni tebrik etmek istiyorum."

Peki. Elimi uzatıp Elsa'nın elini tuttum. Eli ne kadar da küçük! Elsa beni hızla kendine çekip sarılarak başımı okşadı.

"Elsa, sen... Küçüksün!"

Şaşkınlıkla geri çekildim. Elsa benden birazcık daha uzun sadece. Güldüğünü duydum. "Sen benim boyumun kaç olduğunu düşünmüştün ki?"

"Bilmem... Aslında sesinden en az bir doksan boyunda olduğunu tahmin ediyordum!"

"Bir doksan mı? Ben mi? Ah Mafalda, ne düşünüyorum biliyor musun? Bence sen benim ruhumu görüyorsun."

"Ruhunu mu? Nasıl yani?" diye sordum Ernesto'nun başını okşayarak. Çoktan horlamaya başlamıştı.

"İnsanların ruhunun sınırlarını gördüğünü düşünüyorum. Ruhun sınırları bedenin sınırlarından farklıdır. İnsanların ruhları bazen bedenlerinden daha büyük bazen de daha küçüktür. Ruhları görmene hiç şaşırmadım. Senin gibi gözleri olan insanların sihirli güçleri olur."

Bağdaş kurup birbirimize yakın oturduk. Bir şişe suyla aspirini içti. Plastiğin sesini duydum.

"Daha önce sihirli güçlerim olduğunu söyleyen biri olmamıştı," dedim şaşkınlıkla.

"Gerçekten mi? Neyse, artık biliyorsun işte. Dünyanın farklı yerlerinde senin çok özel biri olduğunu görebilecek özgür ruhlu insanlar var Mafalda. Senin doğadaki güçlerle başkalarından daha iyi konuşabildiğini görebilecek insanlar."

"Bu doğru. Ottimo'yla konuşuyorum, ağacımla konuşuyorum."

"Elbette."

Sessizce oturdum.

"Artık gitsen iyi olacak. Annen seni merak eder. Şey, Mafalda..."

"Efendim?"

Elsa'nın sesi birden yumuşayıp tatlılaştı. Bir martının kanadında süzülüyormuş gibi gelen sesinde hiç ağırlığı olmayan, her zamankinden farklı, hüzünlü bir ton vardı. Sesi sanki başka birinden geliyordu. Belki de o bol, tütsü kokulu kıyafetlerin altında gizlenen kişiden geliyordu bu ses.

"Mafalda, ruhum gerçekten o kadar büyük mü? Bir doksan boyunda mı yani? Böyle olduğunu mu görüyorsun?"

Dönüp ona baktım. Elsa'nın bedenini göremiyorum. Karşımda büyük bir karaltı var sadece.

Gülümsedim. "Evet, gerçekten çok büyük. Yemin ederim. Çiçek açmış bir ağaç gibi. Aslında biraz daha dikkatli bakınca boyunun iki metre olduğunu fark ettim!"

"Teşekkürler. O kadar olduğunu hiç tahmin etmezdim. Bana daha önce büyük bir ruhum olduğunu söyleyen olmamıştı. Hayatımda sadece bir kez, bunun nasıl bir his olduğunu bilmek istedim."

Klik.

Gözlerimi iyileştiremeyeceklerse yeni bir dil bulmam gerekiyor. Herkesin anlayacağı başka bir dil. Herkes için, yani benim gibi farklı insanlar için bir dil.

"Luigi'nin adresini navigasyona girer misin lütfen? Şu an yolu tahmin edebiliyorum sadece."

Annem beni okul gazetesinin editörü, Luigi'nin evine götürüyor. Ona yarış sonrasında yazdığım yazıyı ve yaptığım röportajları götürmem gerekiyor.

Beş dakika sonra orada olacağız. Yaşadığımız kasabanın en güzel yanı buranın kasabadan çok bir köye benzemesi. Hepimiz birbirimize yakın yaşıyoruz.

Bu bir yandan da çok iyi bir şey değil aslında. Yalnız kalmak ya da bir şeyi kendine saklamak istersen bu biraz zor oluyor çünkü birileri her an kapında belirip başına gelenlerin doğru olup olmadığını soruyor.

Teyzem bir keresinde Ottimo Turcaret'le birlikte bahçesindeymiş. Taşındığımız için kedimi ona bırakmıştık. Dışarı çıkarken Ottimo'nun gözüne güneş gözlüğü takmış. Bu kulağa tuhaf gelebilir ama aslında teyzem sadece Ottimo'nun gözlerini zararlı ışınlardan korumak istemişti çünkü Ottimo'nun göz nezlesi var.

Komşulardan biri teyzemi görünce onun delirdiğini düşünmüş. Teyzem, bu olaydan birkaç gün sonra markete gittiğinde kasada önünde duran iki kadının konuşmasını duyduğunu söylemişti bana. "Kedisi sörf yapan kadını duydun mu?" demişler. "Kediye bunu zorla yaptırıyormuş. Söylenenlere göre kediye bir de dalgıç kıyafeti giydirmiş."

"Olamaz, zavallı hayvan. Ama kedi nasıl sörf yapabilir ki? Kedilere uygun küçük sörf tahtası var mı?"

"Hayır, oğlumun söylediğine göre, kadın bir kaykayın tekerleklerini söküp tahtasını kullanmış. Bana sorarsan kediyi klozet kapağına oturtuyor. Geçen hafta onu geri dönüşüm merkezinde gördüm. Elinde bir klozet kapağı vardı!"

"Dünyanın çivisi çıktı iyice..."

Teyzem, geri dönüşüm merkezine eski bir ütü masasını götürdüğünü, Ottimo'yu bir sörf tahtasına oturtmayı aklından bile geçirmediğini söylemişti.

Annem birden düşüncelerimi böldü. "İşte geldik! Ben seni dışarıda bekliyorum," dedi.

Kapıyı açması için Luigi'yi aradım.

"Harika," dedi koşucularla yaptığım röportajları dinleyince. "Bunları yazıya döküp gelecek sayıda yayımlayacağım."

"Senin yarışın nasıl geçti?"

"Otuzuncu sırada bitirdim."

"Tebrikler. O kadar da kötü sayılmaz."

"Ne demezsin! Hiç iyi koşamıyorum."

"Neyse, başka bir açıdan bakalım. Bu oranla, on kişilik bir yarışta üçüncü olmuş sayılırsın."

"Böyle söyleyince kulağa fena gelmiyor! Okul gazetesine koyabileceğin bir ilan var mı? Bu ay pek ilanımız yok da."

“Nasıl bir ilan?”

“Her şey olabilir. Birine aşkını bile ilan edebilirsin.”

“Hayır teşekkürler, almayayım!”

“Peki, bir kitabı ya da ödevine yardım edecek birini bulmak için de ilan verebilirsin.”

“Bir dakika. Aslında bir şey var... Babam için bir iş ilanı verebilir miyim?”

“Tabii ki. Şu an çalışmıyor mu?

“Hayır.”

“Benimki de. Tamam, ilana ne yazmak istiyorsun?”

“*Giovanni, otuz dokuz yaşında…*”

10

Ah, Renkleri Özledim

"ANNE!"

Yine o rüya. Dans eden kızlar cıvıl cıvıl, rengârenk kıyafetlerini giymiş. Ben ağaçtayım. Kızlar gidiyor. Ottimo da gidiyor. Ama bu defa bir dalın üzerinde kayıp kendimi geriye bırakıyorum. Üstelik hiç çığlık atmıyorum.

Düşerken yıldızları görüyorum.

Yorganı sallayarak yüzümü serinlettim. Bu rüya beni terletti. Artık hava da iyice ısınıyor zaten. Kiraz ağacı muhteşem çiçekler açmış olmalı.

Ah, renkleri özledim.

"Anne."

Aslında anneme boşu boşuna sesleniyorum. Bu gece kalan son birkaç arkadaşıyla dışarı çıkacaktı. Babamla benim yüzümden artık arkadaşlarına fazla vakit ayıramıyor.

Küçüklüğümden beri, ufacık bir şey için bile onu yanıma çağırırım. Gece gündüz. Oysa annemin de uyuması gerekiyor. Artık on üç yaşımda olduğumun farkındayım ama annem her zaman annem olarak kalacak.

Yataktan kalktım. Bir bardak su içip sakinleşerek yatağıma geri döneceğim.

Buzdolabından sürahiyi çıkardım. Geceleri panjurları kapatmayı unuttuğumuzda mutfağımız ay ışığıyla doluyor. İçerisi güzel mavi bir renkle aydınlanıyor olmalı. Aslında annem panjurları kapamayı hiç unutmaz çünkü hırsızlardan korkuyor. Ama bu gece babamla ben evde yalnızız. Bir dakika, bu da ne? Temiz havanın kokusunu alabiliyorum. Sadece panjurlar değil pencere de açık olmalı.

"Baba?"

Balkondan bir ses geliyor. Bu benim sesim. Neler oluyor?

Dışarı çıktım. Denizin ve kumların kokusu yüzüme vuruyor. Babamın gözyaşları. Duyduğum ses benim sesim. Kayıt cihazından yükselen sesim, salkımları olan çiçekler gibi balkondan aşağı sarkıyor.

Klik. Kayıt cihazı kapandı.

Babam onun hakkında söylediklerimi duydu mu? Bütün bunlardan yorulduğumu, yıllar önce ölen annesinden, yani babaannemden yardım istediğimi duydu mu? Hayır, olamaz! Ne kadar endişelendiğimi bilmesini istemiyorum.

"Baba, lütfen, hayır..."

"Hiçbir şey söyleme Mafalda. Buraya gel," dedi babam usulca.

Hızlıca birkaç adım atıp ona sarıldım. Gözyaşları başıma düşüyor. İki yıl önce evden kaçıp kiraz ağacında beni bulduğu günkü gibi.

Bu sefer kaybolan babam. Aslında karanlık odasında oturuyor ama benim için artık uzaklarda. Yoksa döndü mü? Bilmiyorum. Bunu gerçekten görebilmek için biraz zaman geçmesi gerekiyor. Şimdi burada, kollarındayım. Yarın olacakları yarın düşüneceğim.

***

"Rüyandaki kızla tanıştın mı peki?"

Babamla ben hâlâ uyanığız. Balkondayız. Saat gecenin ikisi. Vay canına, annem bu gece gerçekten eğleniyor olmalı! Babamla balkona dört sandalye çıkardık. İkisini oturmak için diğer ikisini ayaklarımızı uzatıp iki kocaman –gerçekten kocaman– dondurma kâsesini koymak için kullanıyoruz.

Babamla konuştuk. Konuşmaya devam ediyoruz. Babamın içinde renkli toplarla dolu bir sepet patladı sanki. Parçalanan sepetten zıplayarak etrafımıza saçılan bu renkli topları görebiliyorum, daha doğrusu hayal edebiliyorum.

Geçtiğimiz aylarda başımdan geçen her şeyi anlattım ona. Gazeteye onun için verdiğim iş ilanı hariç her şeyi. Bunun akıllıca bir karar olup olmadığından hâlâ pek emin değilim.

"Evet, adı Elsa."

Babam kaşığıyla dondurma kâsesinde kalanları sıyırdı. *Çin çan*. Uzun süredir böyle iştahla yediğini duymamıştım!

"Bence rüyandaki kız kim biliyor musun?"

"Kim?"

"Sensin."

Kaşığım havada donup kaldı.

"Ben mi? Ama bu imkânsız. O benden büyük. Ayrıca ben o kadar cesur ya da kendine güvenen biri değilim. Öyle uzun saçlarım da yok. Ben ona hiç benzemiyorum."

"Ben senin çok büyük bir ruhun olduğuna inanıyorum. Onu görmezden gelme. Onun sesini dinle! Bunu yapmazsan pişman olursun."

"Peki ama ne yapabilirim ki baba? Sadece on üç yaşındayım! Ruhları dinleyemiyorum. Dinleyebildiğim tek şey, ses kayıt cihazımdaki kendi sesim."

"Tamam, o zaman kendi sesini kaydet! Hemen şimdi, burada gözlerin olmadan yapabileceğin şeylerin listesini yapıp sesini kaydet. Yaşadığın hayat bu Mafalda. Her gün, genç de olsan yaşlı da olsan, bu iki yaşın arasında, şimdi burada da olsan hayatın bu. Boyun uzayana, on sekiz ya da otuz yaşına gelene kadar hayatı erteleyemezsin. Hayallerini gerçekleştirmeye başlamak için bekleyemezsin. Hayal kurmak için de bekleyemezsin. Bunu şimdi, sahip olduğun şeyleri kullanarak yapmalısın. Benim gibi olmak istemezsin, değil mi?"

Gülümsedi.

Bu defa ağlayan benim. Hıçkırarak ağlamıyorum. Sıcak gözyaşlarım yüzüme dökülüyor, beni ısıtıp rahatlatıyor. Evet, bir kâse dondurmanın içine ağlamak gerçekten rahatlatıcı.

"Bir keresinde böyle bir liste yapmıştım."

"O hâlde o listeyi yeniden bulman gerekiyor."

"Gece gece bahçede bu kadar gürültü çıkaran da kim?" dedi Nino üst katın balkonundan.

"İçeri girin, Bay Rossi. Hava soğuk. Biz de içeri girip sizi rahatsız etmeye son vereceğiz."

Nino ayaklarını sürüyerek balkonun kenarına doğru ilerledi.

"Uyuyordum. Mart ayının soğuğu beni öldürmez. Zaten üzerimde sabahlığım var."

"Kırmızı sabahlık mı, Nino?" diye sordum başımı arkaya atıp burnumu kaldırarak.

"Evet o. Hangi listeden bahsediyorsunuz siz?"

"Hayallerimin listesi."

Nino dilini dişlerine çarpıp ses çıkararak parmaklarıyla tırabzanlarda tempo tuttu. Bu, dede dilinde *hoplayıp zıplamak* anlamına geliyor herhâlde.

"Belki bir gün benim de o listeyi görmeme izin verirsin. Tabii ölmezsem..."

"Nino, böyle şeyler söyleme!"

"Tamam, sakin ol. Ne var ki bunda? Hayallerin yeterince büyükse nerede olursam olayım beni bir gün bulurlar ve ben de onların senin hayallerin olduğunu anlarım. Onları görünce, bunlar Mafalda'nın hayalleri derim. Şu kıza bak sen, neler de başarmış. Beni sadece bir şey üzer."

"Neymiş o, Nino dede?"

"Ne kadar güzel olduğunu söyleyememek," dedi Nino. Sözleri, bana kocaman, yumuşacık, nazik bir yastığın üzerinde geliyordu sanki.

11

Ve Kazanan…

"Ve kazanan..."

Sınıf sessiz. Her şeyin bir ilki vardır. Öğretmen okuma yarışmasının kazananlarını açıklıyor. Nino dedeyle beş kitap hakkında yazı yazdık. Yani öğretmenin verdiği listedeki on kitabın beşini bitirdik. Fena sayılmaz, öyle değil mi?

"Marco Valenti altı kitap okuyarak yarışmayı kazandı. Tebrikler!"

Sınıftan alkış yükseldi. Marco Valenti mi? Kim tahmin ederdi ki? Kötü oldu. Kazanabileceğimi düşünmüştüm. Marco altı kitap okuyarak birinci olduysa ben de ikinci olabilirim!

"Mafalda, buraya gelip ikincilik sertifikasını alabilirsin."

Gittim. Yine alkışlar yükseldi. Debbie'nin alkışlıyormuş gibi bile yapmadığından eminim.

Kimin umurunda. Zil çalar çalmaz eve koşup Nino dedeye sertifikamı göstereceğim!

***

"İşte vakit geldi. Çekilin, eve gidiyorum!"

Dışarıda temiz hava, özgürlük var!

Hızla eve geldim, içeri girip bahçe kapısını kapadım. Dokuzuncu sınıfa giden kızıl saçlı Emilia'nın sesini duydum. Yanımdan geçerken bana selam verdi.

Bu bağrışmalar da nereden geliyor? Köpek neden bu kadar havlıyor? Ya bu siren sesi... Biri mi tutuklandı yoksa? Hareketlilik bahçenin diğer tarafındaki yolda. Sesler kulübenin arkasındaki, okulun paralelindeki o yoldan geliyor.

Emilia'ya etrafta polis görüp görmediğini sordum. Tekrar kapıya geldi ama bu sefer daha uzun olduğunu hissediyordum. Sonra neler olup bittiğini daha iyi anlamak için duvarın üzerine çıkıp tırabzanlara tutunduğunu fark ettim.

"Polis değil, ambulans. Galiba birini götürüyorlar... A, götürdükleri kişi kilisenin oradaki şu tuhaf, hippi kadın. Onu tanıyor musun?"

"Ne? Elsa mı?" Kalabalığın olduğu tarafa doğru koşmaya başladım. Yerdeki şu ağaç kökünün üzerinden tam zamanında atlamayı da unutmadım. "Elsa!"

Polis sireni birkaç kez öttükten sonra durdu. Köpek ise havlamaya devam ediyor ve her yerden sesler geliyor. Ernesto. Bahçenin arka kapısının parmaklıklarını tutup ona seslenerek sakinleşmesi için yalvardım.

"Elsa, ne oldu?"

"Elsa, evet benim... Konuşan benim küçük kızım mı?"

Kahveyi andıran sesi artık sütlü kahveye benziyor. Kendinden geçtiği, tedirginliği belli oluyor. Bu durum beni korkutuyor. Sağlık görevlisi olduğunu tahmin ettiğim bir adam Elsa'yı tanıyıp tanımadığımı sordu.

"Evet, tanıyorum."

"Onun kızı mısın?"

"Hayır, ama..."

"Kızının nerede oturduğunu biliyor musun? Sürekli bir kızdan, küçük kızından bahsediyor."

İçimi bir hüzün kapladı. Ne diyeceğimi bilemedim. Başımı sağa sola salladım. Ambulansın kapısının kapandığını ve Elsa'nın sesinin kaybolduğunu fark ettim. Sağlık görevlisi ambulansa binip motoru çalıştırdı.

"Durun! Onu nereye götürüyorsunuz?"

"Acil servise gidiyoruz."

"Sonra?"

"Hasta, bir kliniğe yatırılacak."

Ambulans uzaklaşmaya başladı. Klinik nasıl bir yer bilmiyorum ama Elsa'nın bir sedyede yalnız yattığını düşününce içim acıyor. Belki bilekleri de bağlıdır.

Parmaklıkları bırakıp duvardan indim.

Hey! Ne oluyor? Bir şey elimi yalıyor.

"Ernesto!"

Diz çöküp Ernesto'nun boynuna sarıldım ve yüzümü kulaklarının arkasındaki tüylere bastırdım. Hafifçe inledi.

"Elsa geri dönene kadar sana güzel bir ev bulacağım, söz veriyorum!"

Bunu söyledikten sonra Pip'i ve zorunlu çalışma kampından kaçan mahkûm Magwitch'i düşündüm. Acaba kitaptaki çocukla mahkûm arasındaki ilişki, gerçek hayatta Elsa'yla benim aramda da olabilir mi, yoksa bu tür ilişkiler sadece kitaplarda mı oluyor?

***

İngilizce öğretmenine Filippo'nun disleksisi olduğunu söylediğimden beri Filippo'yla görüşmedim.

Arada sırada neler yaptığını arkadaşlarından öğreniyorum. Onun için özel olarak hazırlanan sınavlara giriyor, notlarını yükseltiyor. Büyük ihtimalle bu sene sınıfını geçecek. Ama ikimizin arasında düzelen ya da değişen bir şey olmadı. Ona telefondan bir sürü mesaj yazdım, bir sürü sesli mesaj kaydettim ama bunları göndermeden sildim.

Bunu neden yaptığımı bilmiyorum. Onu arayıp "Dışarı çıkıp her zamanki pizzacıda bir pizza yiyelim mi?" demek kolay olurdu ama aslında bu o kadar da kolay değil. Çok karışık bir durum. Yaşananları hiçbir şey olmamış gibi toprağa gömemiyorsun. Ve Filippo'nun da hiçbir şey olmamış gibi davranamayacağını çok iyi biliyorum.

Ah, onu o kadar özledim ki...

Pekâlâ Filippo, anlaşılan ilk adımı ben atacağım. Aslında kitaplarda cesur olanlar hep erkekler olduğu için oturup bekleyebilirim. Ama hayır, sana bir mesaj gönderip bugünün hangi gün olduğunu hatırlatacağım. Gözleri görmeyen, kafası karışık, parlak zekâlı –bana böyle olduğum söylendi– Mafalda artık özel biri olmaktan korkmuyor.

"Merhaba. Ben olanlar için gerçekten... Üzgün olduğumu söylemek istedim. Hâlâ Debbie'yle birlikteysen ben..."

Hayır. Bu iyi olmadı. Siliyorum.

Ottimo Turcaret onu okşamam için yanıma gelip telefonu tutan elime sürtünmeye başladı.

Sonunda birkaç kelime yazmayı başardım.

"Sen benim için çok önemlisin."

Gönderiyorum.

Çok mu romantik oldu? Belki. Biraz aptal, biraz deli, biraz çocuk, biraz da büyümüş hissediyorum. Sıcakladım ama ellerim buz gibi. Keşke bu mesajı hiç göndermeseydim. Yine de okur umarım.

Dizlerime sarılarak arkama yaslandım ve kopkoyu karanlıkta başımı dinlendirdim. Korkuya çok benzeyen bir duyguyla içimden çığlık atmaya başladım. Yine de şimdi her şey çok ama çok daha iyi geliyor.

***

Öğle vakti geldi. Kilisenin ilk çanları çalmaya başladı.

Kiraz ağacının altındayım. Daha doğrusu ağacın okul bahçesinden dışarı uzanan, sokağı gölgeleyen dallarının altında duruyorum. Yalnızım ve Filippo'yu bekliyorum.

Gökyüzü birden bulutlarla dolmaya ve yağmur yağmaya başladı. İlk başta hafif hafif yağarken birden ağırlaştı (Hava durumu tahminleri bugün fırtına olacağını söylemişti ama bana sorarsanız bu Elsa'nın işi. Arizona'da bir yerlerde yağmur dansı yapıyor olmalı. Onu böyle hayal ediyorum.).

Çanlar çalmaya devam ediyor. Otuz, otuz bir...

İşte onun sesini duydum. Yavaşça yanıma yaklaşıyor. Yağmurda sessiz adımlarla yürüyor ama ben yine de onun sesini duyuyorum. Yağmur damlaları üzerindeki kokuyu alıyor ama burada olduğunu biliyorum.

Filippo.

En iyi arkadaşım.

Şimdi önümde duruyor.

"Geldin."

"Tabii ki geldim. Ne sandın?"

Bu gerçekten Filippo. Elleri cebinde. Gözlüğünde yağmur damlaları var. Gözlerim görüyor olsa bu hâlde görüneceğini biliyorum.

"Hippi bandananı takmışsın."

"Evet. Sana da bir hediyem var."

Elimi kot pantolonumun cebine götürdüm ve ağaç şekilli tılsımlı bilekliği çıkarıp ona gösterdim. Hiçbir şey söylemeden bilekliği kabul etti.

Kiraz ağacının dallarından taze çiçeklerin suyla karışık kokusu üzerimize doğru esiyor. Sırılsıklam olduk ama bunun bir önemi yok. Yağmur çok şiddetli yağıyor ama bunun da önemi yok.

Filippo ve ben yine birlikteyiz.

Gelecekte evlenecek miyiz, arkadaş mı kalacağız yoksa her ikisi de mümkün olacak mı bilmiyorum.

Şimdi, burada onunla birlikte olmaktan mutluyum. Yarın olacaklarla yarın ilgileniriz.

Bütün bunları düşünürken yanağımda küçük bir öpücük hissettim.

***

Akşam oldu. Bahçeye açılan pencerenin önündeyim. Yaz mevsiminin kokuları daha şimdiden gelmeye başladı. Ağustos böceklerinin vızıltılarını dinliyorum. Üst katın balkonundan tanıdık bir inilti yükseliyor. Ernesto da ağustos böceklerinin sesini duymuş olmalı.

"Akıllı oğlum benim."

Nino dede, her zamanki gibi hırıltılı sesiyle homurdanıyor. Aslında homurdanıyormuş gibi yapıyor. O ve Ernesto ilk görüşte birbirlerine âşık oldu.

"Hep bir köpeğim olsun istemiştim," dedi Nino. Aslında Ernesto'nun geçici olarak yanında kaldığını biliyor. Elsa iyileşince Ernesto ona geri dönecek. Nino dedenin sesindeki mutluluk beni gerçekten mutlu ediyor. Sesi bir çocuğun sesine benziyor. Pamuk şeker ve fındık gibi.

Telefonum çaldı. Günün bu saatinde beni kim arar ki?

"Alo?"

"Merhaba. Bu kadar geç aradığım için özür dilerim. Giovanni'yle görüşecektim."

"Ben kızıyım."

"Okul gazetesine ilanı veren sen miydin?"

"Evet, ilanı ben verdim. Kiminle görüşüyorum acaba?"

"Adım Giuliana. Kızım Daphne seninle aynı okula gidiyor. Onu tanıyor musun?"

"Pek tanımıyorum."

"Anladım. Hiç aynı sınıfta olmamıştınız galiba. Babanla konuşabilir miyim? İş ilanı ilgimi çekti. Eşimle ona bir iş teklif edeceğiz. Telefonu ona verebilir misin?"

***

"Mafalda, telefon!"

Annem mutfağın balkonundan bana sesleniyor. Böyle bağırırsa Nino'yu ve köpeği uyandıracak!

Çiçek sulama kabını saksıdaki incir fidanının yanına bırakıp koşmaya başladım.

Artık hiç kimse birbirini ev telefonundan aramıyor. Hatta babam telefonu kapatmayı düşünüyor ama ben ahizesi olan telefonları seviyorum. Telefona cevap verdim.

"Mafalda, ben Elsa. Nasılsın?"

Kalbim yerinden fırlayacak gibi oldu.

"Elsa neredesin?"

"Hâlâ hastanedeyim. Ama beni bir ay önce getirdikleri hastanede değilim."

"Neredesin peki? Gelip seni ziyaret etmek istiyorum!"

"Gelmesen daha iyi olur. Nasılsın?"

"İyiyim. Ernesto'ya bir ev buldum. Merak etme onunla ilgileniyorum. Ne zaman geleceksin?"

"İyileşmem için biraz daha zaman gerekiyor sanırım. Zatürre olmuşum. Tedavi edilmem gerekiyor. Bu yıl kış çok soğuk geçti. Kulübede uyumama izin vermeseydin her şey daha kötü olurdu. Sana güveniyorum Mafalda. Sen çok akıllı bir kızsın. Senden çok şey bekliyorum."

Elsa konuşurken yanaklarımdan minik yaşlar dökülmeye başladı. Damlalar durdukları yerde soğudu. Elsa başka şeyler daha söyleyince başka yaşlar da döküldü. Elimin tersiyle yüzümü sildim. Ona her şeyin farklı olacağını, on üç yaşımdayken hayatımın değişeceğini düşündüğümü söyleyebilseydim keşke. Belki gözlerim iyileşir diye umuyordum. Bunun gerçekten olacağını ummuş, buna inanmıştım.

"Elsa, korkuyorum."

"Ben de korkuyorum. Korkularımızın listesini yazmaya ne dersin? Sonra listelerimizi birbirimizle paylaşırız. Beni nasıl bulacağını merak ediyorsan hiç endişelenme, ben seni bulurum. Yakında döneceğim. Ama Mafalda..."

"Efendim?"

"Senden korku listesinden başka bir şey daha istiyorum."

"Ne?"

"Hayallerinin listesi."

Hayaller

1. Özel biri olmak.

2. Arkadaşlarımın olması (Filippo, annem, babam, Ottimo Turcaret ve edineceğim yeni arkadaşlar.).

3. Uçakla Amerika'ya gidip çimenlerde koşmak.

4. Harika bir iş bulmak.

5. Kitabımı bitirmek.

6.

7.

8.

9.

10.

Klik.

Elsa ne demişti? Bir hayalinin gerçekleşmesi için en az on hayalinin olması gerekir. Şimdilik beş hayalim var ve bu da yolu yarıladığımı gösteriyor.

Sonraki beş hayalim için çok ama çok dikkatli düşünmeliyim. Bu yılın sonunda bu beş hayali bulabilecek miyim, bilmiyorum. Belki de onları lisenin sonuna ya da –eğer gitmeye karar verirsem– üniversiteye kadar bile bulamam. Karanlıkta onları görmek, bulutlu bir gökyüzünde yıldızları bulmak kadar zor olacak.

"Mafalda, baban düş kapanını astı! Gelip bakmak ister misin?"

...ben hayallerimi bulamazsam, hayallerimin beni bulacağından eminim. Bu biraz zaman alabilir ama hayallerim ve ben bir gün buluşacağız. Söz veriyorum. Adımın Mafalda olduğundan emin olduğum kadar eminim bundan.

Yeni kitap önerimiz
için karekodu
telefon kameranıza
okutunuz.
Aynı karekod ile her hafta başka bir kitap